中公文庫

ヴィジュアル版

沖縄文化論

忘れられた日本

岡本太郎

中央公論新社

まえがき

はじめて沖縄にふれた感動は鮮烈であった。もう十数年も前のことになる。あれから何度も訪れた。確かにその後、沖縄はひどく変貌した。ビル群が建ち、観光化もすすみ、あの大自然の静けさは後退して行く。私にとっては、しかし島の本質は少しも変らない。この世界の自然の波動と、生活の中に流れている、分厚く、優しい魂。そのきよらかさ。

復帰という区切り目を迎えて、ここの運命はどのような方向に向うのか。日本文化の清冽な軸として沖縄が生きつづけてほしいと熱望する。

この時点にこそ、と私は思う。十数年前に書いた「沖縄文化論」が、いまこそダイレクトに生きる。痛切な声で、さし示し、言う必要がある。沖縄の人たちからもそう言われる。この書がこれからの沖縄の、そして、ひいては日本の運命に響いてくるだろうと。

これを書いた頃、沖縄は多くの人たちに、いわば未知の世界だった。それを意識の中核にひきよせ、つきつける意味で、私は『忘れられた日本――沖縄文化論』と題した。いま、沖縄の存在は日本人全体にとって大きな問題として浮びあがっている。そこで、このたび、中公叢書に組み入れられるに当って、本来の題『沖縄文化論——忘れられた日本』にもどした。

一九七二年九月

岡本太郎

ヴィジュアル版　沖縄文化論　忘れられた日本　目　次

沖縄訪問地図

1959年11月16日〜12月3日／
1966年12月24日〜30日

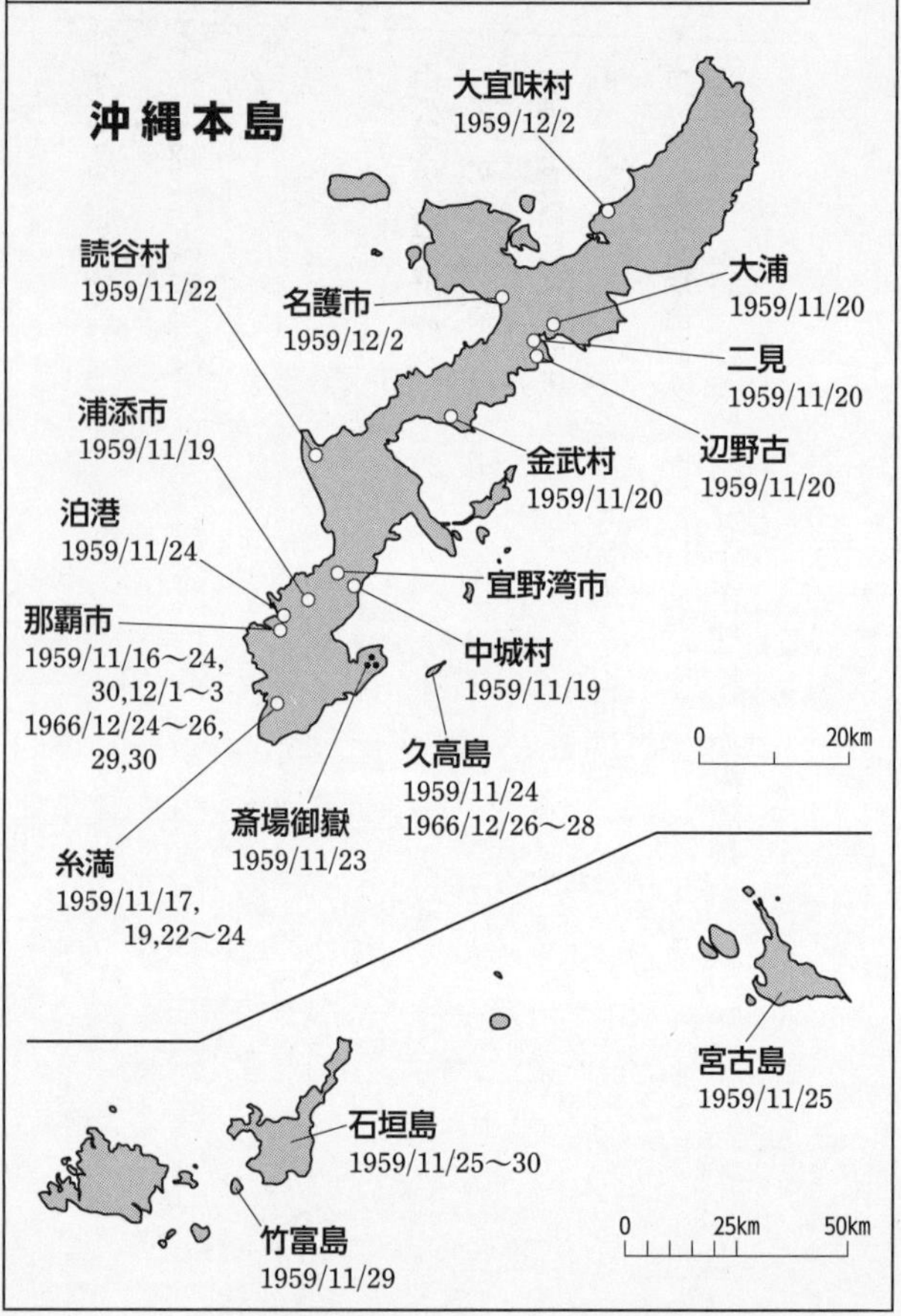

川崎市岡本太郎美術館『「岡本太郎が愛した沖縄」開催報告書』を参考にしました

ヴィジュアル版

沖縄文化論

忘れられた日本

沖縄の肌ざわり

『日本残酷物語』に、柳田国男氏の「山の人生」の一節が収録されている。

美濃のある炭焼きの話である。

「女房はとっくに死んで、あとには十三になる男の子が一人あった。そこへどうした事情であったか、おなじ年位の小娘をもらってきて、山の炭焼小屋でいっしょに育てていた。なんとしても炭は売れず、なんど里へ降りても、いつも一合の米も手に入らなかった。最後の日にも空手でもどってきて、飢えきっている小さい者の顔を見るのがつらさに、すっと小屋の奥へはいって昼寝をしてしまった。

眼がさめて見ると、小屋の口いっぱいに夕日がさしていた。秋の末のことであったという。二人の子どもがその日当りのところにしゃがんで、しきりになにかしているので、傍へいって見たら一生懸命に仕事に使う大きな斧を磨いていた。阿爺《おとう》、これでわしたちを殺してくれといったそうである。そうして入口の材木を枕にして、二人ながら仰向けに寝たそうである。それを見るとくらくらとして、前後の考えもなく二人の首を打ち落してしまった。それでじぶんは死ぬことができなくてやがて捕えられて牢に入れられた。この親爺がもう六十近くなってから、特赦を受けて世の中へ出てきたのである。そうしてそれからどうなったか、すぐにまたわからなくなってしまった。」

私はかつてない衝撃をうけた。――人間生命の、ぎりぎりの美しさ。それは一見惨めの極みだが、透明な生命の流れだ。いかなる自然よりもはるかに逞しく、新鮮に、自然である。かつて人間が悠久に生きつぎ、生きながらえてきた、その一こまであり、またそのすべてを戦慄的に象徴している。ヒューマニズムとか道徳なんていう、絹靴下のようなきめですくえる次元ではない。現代モラルはこれを暗い、マイナスの面でしか理解することができない。だがこの残酷である美しさ、強さ、そして無邪気さ。

よそは知らない。しかしこういう根源的な人間生命が久しい間、そして今日まで、日本とその周辺の世界を支えてきた。沖縄物語を展開する前に、こんな山奥の炭焼きの話をひいたのは、まさにこの島の生活、その基底にこそ、そのような生命の感動が生きつづけているからだ。

痛切な生命のやさしさ――私の今度の旅行の、これが何より深い印象であった。

だがそれは滞在期間をとおし、この風土にふれるにしたがって、次第に感じとったことである。

いまは何の用意もなく、この、私にとって新しい天地に入って行く。

＊

肌寒い東京を飛びたって数時間、私はもう生温い宵の風に吹かれながら、飛行場をあとに那覇市に向って走っている。まったく、アッという間に沖縄に来てしまった。

なめらかな舗装道路の左手には、ひたひたと黒い水をたたえ東シナ海が迫っている。

やがて道が右の方にゆるやかに弧をえがくと、予期したとおり、車の前方に無数のギラギラした照明とともに基地が展開しはじめる。鉄柵をめぐらし、数々の軍艦が碇泊し、至るところに厖大な軍需物資が山積みになっている。

基地――われわれの生活の焦点の一つである存在。それはゆるがない力、信念の姿なのか、あるいは飛躍的な科学技術の今日、ナンセンスなジェスチュアにすぎなくなっているのか。時代の転回点の上にあるこういう虚勢、たしかにアメリカ人にとっても頭の痛い課題だろうし、日本人、沖縄人にとってはさらに痛切な苦しみである。

これらのものものしい軍艦も、威嚇と滑稽をともに積んで浮んでいる。巨大なオモチャ。

ふと見ると、正面に低く大きな赤い月がのぼっていた。十六夜くらいだろうか。ふしぎに温い月だ。その光が那覇港のゆるやかな波のうねりにはえている。いかにも南国の夜だ。

市街地に入る。有名な一号線とよばれる広い道路から右に折れると、びろう樹の並木通りである。つき当りは民政府の建物、そこから左に曲って、那覇のメインストリート、国際通りをホテルに向うのだが、ここまでくると車がぎっしりつかえている。

とまってからかなりたつのに、前の方は一向に進む気配もない。東京のラッシュアワーのもどかしさに馴れている私も、やがて五分以上も立往生していると、座席の上で尻をあげたり下げたり、ヤキヤキする始末。

「なんか事故でもあったんでしょうか。」

まだお客さんのほやほや。それを意識しておとなしく聞いたが、運転手は無表情。一しょに乗っている出迎えの沖縄の人たちも、「いや、いま時分は多少こむんでしょう」とすこしも動じる様子がない。

気持でいえば二十分ぐらいはたったろう。やっと動きだした。国際通りは那覇に一本しかない繁華街、かなり長いが道幅は狭い。人口の割では世界一というおびただしい数のバスが入りこんで、車の列は文字どおり牛のヨダレのように、のびたり、ちぢんだり、つっかえつっかえ進む。

前の車がどんなに遅く走っても追い越そうとしない。何でこんなところで止るのかと思うと、通行人が至るところで道を横断するのだ。そのたびに車は停止して辛抱強く待つ。歩行者はすこしもあわてない。車を無視してゆうゆうと道を横切る。当然という顔つき。なるほど、これはジンドウ的だ。

せっかく四時間足らずで沖縄まで来たのに、一つ角を曲るのに二十分、ホテルに着くのにこう手間どったんでは頭にくる。このテンポは尋常じゃない。

その後もこの沖縄テンポには、とことんまで悩まされ、ノックアウトされた。もっとも日本から一定のスケジュール、われわれの時間の観念を手荷物みたいに持って来て、沖縄という天地に割り込ませようと一人で地団駄ふんでいる、その方がはるかに滑稽だったのかもしれない。だがとにかく何ごとも三倍から、四倍、間のびしている。私のような超セッカチには、猛烈極まる忍耐力がいったことは確かだ。「すぐ行く」というから、そのつもりでいると、大てい一時間ぐらいは待ちぼうけをくわされる。沖縄時間といって、会合などは二時間遅れではじまるのが普通と聞いた。アメリカ人も入って来た当初は大分かんしゃくをおこしたらしい。はじめは時間励行だったが、最近では逆に同化されて、沖縄時間になってしまったそうだ。「八月十五夜の月の茶屋」。

ところで両側の町なみはひどくごたごたしているし、スタイルの統一がない。かつて、このあたりは旧那覇市外れの田圃だった。戦後、泥田の上に闇市ができ、人が寄り集まって急激に発展した町で、すべてが無計画に出来上ってしまったので、もうどうにも仕様がないらしい。ちょっと東京の場末といった感じだ。店さきの商品を見ても内地なみだし、歩いている人たちの風俗にも特に変ったところはない。

やっと国際通りをぬけて、ホテルについた。ここが現代沖縄のいわば最初の肌ざわりなのだが、何だかひどく異様だった。

とっつきの、ロビーと食堂をかねたホールも、通された部屋も、妙に疎《あら》っぽい。日本でもなければアメリカでもない。むしろマレーあたりの感じだろうか。何とも不思議な趣味のとり合せである。明治、大正とも昭和ともつかない、そんな現実的な時代を超越した雰囲気だ。これも沖縄の一面なのだろう。

部屋つきのバスルームに入って、しかしアッと思った。色とりどりのタイル貼りだが、浴槽の中に一枚、鯉が泳いでいる絵の大きな陶画がはめこんであって、その上の壁にはまた、イタリア・コモ湖の極彩色の風景が陶板になっている。蛇口の上には、四寸角のタイルいっぱいに、水色で「水」と焼きつけてあり、それに並べて朱で「湯」。この全体の何ともいえないスットボケたデザインに、どぎもを抜かれてしまった。沖縄文化論も、これは前途多難だ。苦笑しながら湯ぶねにつかった。

よく見ると、洗面器の横に大きな白い郵便ポストのようなものが、ぬっと突ったっている。この浴室には不似合な、豪華（?）な白いエナメルの電気仕掛の機械。ドライヤーである。ボタンを押すと、凄まじいうなりとともに熱風がふきだしてきた。気がついたら、白い郵便ポストは廊下の角にも、ホテルじゅうのお手洗に立っていた。

*

沖縄第一夜の歓迎宴に招かれて行く。琉球舞踊も見せる大きな料亭の一つである。「お飲みものは?」と聞かれて、「泡もり」と答えた。何をおいてもかの有名な泡もりをのまなきゃ、ここに来たカイがない。すると、「泡もりですか」とみんなちょっとケゲンな顔をした。なるほど宴がはじまると、泡もりをサービスされたのは私だけで、沖縄の諸君はもっぱらビールかスコッチウィスキー。しかもウィスキーをコカコーラで割って飲んでいる。俗称コクハイである。

こんなうまい土地の酒を、どうして飲まねえのかと意地になって、一人であふった。

どうも沖縄の人たちには不思議な心理があるようだ。——話は二、三日後のことに飛ぶが、歓迎ぜめからのがれて、ゆっくり沖縄の夜を味ってみようと、かねて目をつけておいた盛り場、桜坂に単身のりこんだ。那覇市民の素朴な生活をなまの目で見、素肌に感じとりたいと思ったのだ。

何処か、象徴的な飲屋をみつけて土地のものを食べ、大いに泡もりを飲んでやろう。軒なみ賑やかに飲食店の並んでいる、新宿裏を淋しくしたような小路を探検して歩いた。どの店も馬鹿に作りが似ている。魚をならべたガラスのケース、カウンターの向うに白い上っぱりを着た兄ちゃんがいて、看板を見ると呆れたことに〝江戸前ずし〟。これじゃあ勝手がちがう、と別の方向を探る。すると今度はおでん屋がずらり。表通りに出るとライスカレーとか丼ものを並べた食堂ばかりなのである。

探しあぐねた。何でもいい、行きあたりばったり二、三軒ためしてみようと、小ぢんまりした店に入ってみた。だが中はやっぱりすし屋であった。

握らせるのも馬鹿馬鹿しいから、タネで一ぱい飲もうと思ったが、マグロにハマグリ、アナゴくらいしかない。それもみんな内地ものだという。

そこで泡もりを注文した。「うちでは泡もりは置いてません」と馬鹿に白々しい。まさか鮪のトロをつまむのに、コクハイでもあるまい。結局八十セントもする日本製のビールを飲まされてしまった。

あとは何が出来る？　と訊いたら、「天丼か鰻丼か、うどんは如何ですか」ときた。あわてて飛び出した。

諦めきれず、それから二、三軒廻ってみたが食いものはまったく同じ。そして泡もりは一滴もないのである。

聞くと、ここの人はあまり泡もりを飲まなくなった、せいぜい場末のおでん屋か屋台みたいなところで、肩身せまくこっそりやっているという。そこで製造業もだんだん衰えて廃業するものが出てきているそうだ。もっとも酒にかぎらず、土地で出来たものというとどうも卑しいように思いこみ、舶来はすべて上等と考える沖縄的コンプレックスがある。——なんてことを聞くと、くすぐったくなってくる。それなら日本の方が御本家だ。

ところで、私がうまいうまいとさかんに泡もりを愛用したので、つきあっていた沖縄の人たちもだんだんつられて、しまいには「泡もりってのはなかなかいいですよ。酔心地がさっぱりしているし、こいつは翌日に残らない」なんて、沖縄の味を再発見したり、ちょっぴり愛国心をヒレキするようになったのは愉快だった。

さて、宴席には太鼓、蛇皮線が持ちこまれ、琉球舞踊がはじまる。そもそも私が沖縄に憧れ、こんな遠いところまでやってくる気になったのは、東京ではじめて見て、この踊りのすばらしさにすっかり惚れこんでしまった、それ以来のことなのである。

囃子とともに、美しい琉装の踊り子が舞いはじめる。太鼓と蛇皮線の素朴で強いリズム、歌の切々とした哀感とは逆に、華やかでデリケートな動きは、見るほどに、なめらかで、艶っぽくて、鮮やか。しかもその空間性。これこそ踊りというもんだとあらためて感激した。踊りの問題についてはいずれくわしく述べるが、ここの踊りではとりわけ、二人ずつの美女と醜女、四人のからみあいで踊る「醜童《しゅんどう》」に一種の凄みが見られて印象的だった。

*

夜更けての帰り途、車は大きく迂廻して、小高い丘陵にのぼった。首里城趾である。(今は戦火に破壊しつくされて、後かたもとどめない。そのあとに小ぢんまりしたモダン建築の琉球大学が建てられている。)

この高みからは島をとりまく広大な海とともに、きらめく那覇全市が見わたせる。中空には宵のうちに見た赤い月が、いまは涼しく輝いている。風はあたたかく、そして爽やかだった。月光を浴びて、のびのびとした山肌が幾重にもひろがり、その一つの稜線からテレビ塔が黒いシルエットを描いてのびている。

水底《みなそこ》のように透明で、すべてが不思議にやわらかい。南国の自然は永劫にめぐみ深く人間を包んでいるようだ。——幸せな天地。

しかし人間の生きる条件はこの自然とは別なメカニズムで、激しくつき動かされている。この丘も沖縄の歴史、悲劇の一つの頂点である。私はこの島と、遠く離れた日本との距離を思った。
——日本人は日本を本土の内側に、一定の限界としてしか捉えていない。われわれのまわりには、幅ひろくひろがる碧色に輝いた海があり、そこには充実した島々が無数につらなって、とり囲んでいる。それを肉体として摑みとっていない。日本という抽象的な観念、固まった意識からぬけ出し、かつて祖先が全身に受けとめていた太陽の輝きと、南から北からの風の匂い、その充実した気配を血の中にとりもどさなければならない。

日本人はこの同じ文化圏の沖縄について、いったいどんなイメージを持っているだろう。現在ではせいぜい潜在主権などという、アヤフヤで小馬鹿にしたような、ひどく空虚なつながりだけで安心している。ただ漠然と、あれは日本領土だからいつか帰ってくるだろう。帰ってくるのが当然だ。貸した家財道具ぐらいに、いわば大そう無責任に考えているにすぎない。だがそんな単純な問題でないことは勿論だ。

沖縄についての報告はいろいろある。そのほとんどが軍政下の政治、またそれにともなう経済的な面に重点を置いている。それはたしかに厳然たる事実の反映ではあるが、しかしこの古い民族の生活、その全体はそれだけではつかめない。

私の究めたいのは、抽象化されたり、また一般の統計に出てくるような対象ではない。悠久の過去から未来にわたる因果の中で、沖縄人の生命の本質がどのように運命と対決したか。またするかということである。

ここにはまるで別な天体であるかのような透明な空間のひろがりと、キラキラした時間の流れがある。私はすでに直観しているのだが、それはこの旅行の結論として発見した、というよりも、のっぴきならない実体として、からだの幅全体で受けとめたもの。それはまた自分自身を確かめることでもあった。私の予想しなかった、人間の生き方の肌理《きめ》。――現代生活のカレンダーによって画一化され、コマ切れにされた時間とその連続。自然に対する畏怖と歓喜をうしなって無感動に測られる空間。そのような生の条件とはまさに異質だ。

そして、それがかえってわれわれ日本人の根源的な生き方にふれてくる。現代日本は己れの実体を見失っている。こういう根源的な時間と空間をどのように現代と対決せしめるか、ということが実は日本文化の最も本質的であり、緊急な課題なのではないだろうか。

南の潮風とともに、まだ神ながらのにおいが吹き流れているこの天地では、ふしぎに日本文化の過去、そのノスタルジアがよみがえってくる。感傷ではない。ここを支点として現代日本をながめかえす貴重な鏡なのである。

私はすでに先年、その意図で国内を廻り、その報告を、『日本再発見』（新潮社刊・一九五八年）としてまとめたが、そこで展開した方法を、今度はこのいわば日本の周辺にぶつけてみたいと思っているのだ。私はますます日本、それもその風土と運命が純粋に生きつづけている辺境に強くひかれる。そこには貧しいながら驚くほどふてぶてしい生活力がある。その厚みは無邪気で明朗だ。近代化されるとともに奇妙にゆがみ、稀薄になってしまった日本人像とは違う。そういう隠れた生命力を掘りおこし、そのポイントからもう一度、日本人として、芸術家として、この現実に対決する生き方を究めたい。

つまり外部に位置する切実なポイントから、逆に日本文化を浮び上らせて行くのだ。朝鮮、北海道、五島列島、大島、いろいろある。が、そういう意味で重要な塊は、やはり沖縄だ。したがって、私がここで展開したいのは沖縄論であると同時に、日本文化論である。わずかな滞在期間に大へんな野望だが、少くともその意気込みでぶつかって行くつもりだ。

*

幻想的な悠久の天地から、ふたたび現代沖縄に舞いもどる。そしてその沖縄を代表するホテルにかえって、ベッドに身を横たえた。

うとうとと眠ったかと思うと、突然、わめき声、歌、口笛、ピアノの音に目がさめた。騒ぎの模様では、どうやらアメリカの兵隊達が女の子をつれて繰り込んで来たらしい。中庭をへだてた食堂からの音である。足をふみ鳴らし、大声で笑い、時に何か激しくぶつける。時計を見ると三時。寝入りばなだ。

この深夜に、まさしく沖縄的現実が展開されはじめたわけだが、これはたまらない。まったくの気違い沙汰だ。こんなホテルなんてあるもんだろうか。

騒ぎはなかなかおさまらない。呆れると同時に、いらいらした。しかしこれも沖縄学の第一課だ。この程度の不協和音は貴重な体験と神妙に考え、遮二無二眠ることにつとめた。疲れてもいるし、そのうちにうつらうつらしたが、しかし騒音は眠っている頭の中でいろいろな色、形になって限りなくぶつかりあい、渦巻きつづけた。

暁方、騒ぎはようやくしずまったが、今度は一本指でポツンポツンとピアノを弾きだした。「イークトセ、フールサトー、キーテミレバー」つっかえつっかえ、間違えてはまた後もどり、たどたどしく弾く音が、繰りかえし繰りかえし執拗に耳につく。引きずりこまれると、ふと鬼気迫るようだ。

まさかアメリカ兵がやってるんでもあるまい。連れてきた女の子だろうか。チクショウ！ 布団の上に立ち上って憤慨したり、無理にも眠ろうとして、またひっくりかえってみたり、転々としていたが、ついに諦めて身仕度し、食事におりていった。

朝の食堂はもう白々と整頓されていたが、片隅のピアノの前に十六、七の給仕の女の子がお行儀よく坐って、熱心に、今度は「ソーラモ、ミナトーモ、ヨワハーレテー」とやっている。コノヤロー、と荒々しく卓についたが、彼女は平気で、振りかえりもせず叩きつづけている。

ところが、やがて静かにピアノの蓋をしめると、メニューをもって、「何になさいますか」とまったく悪びれた様子がない。こんなかわいらしい、気の弱そうな眼つきをした小娘のたてるバカ音と、夢の中で悪戦苦闘してきたのかと、気がぬけてしまう。聞いてみると、ここは終夜営業のレストランになっているので、ナイトクラブがはねたあと、外人達が夜食にくるのだそうだ。昨夜の騒ぎはそれで納得した。暁方のピアノは夜勤の女の子の眠気ざましだったのだ。

あんなのがピアノだと思ってるから、安心して鳴らすんだろう。ひとつ、目にもの見せてやろう。そこで、ショパンの「エチュード」、リストの「愛の夢」など、たてつづけにバラバラッと鮮やか(?)に弾いてみせてやった。給仕さん達は私のうしろに寄って来て、息をのんで立ちつくしている気配……。ドウダイ、とふっと手をやすめたら、ヒットソング名曲集なんてものを持って来て、ちょこんと私に差し出した。

これでもう、まさか俺の前では弾かねえだろう。いささかかわいそうだが、トドメをさしたつもりだった。ところが翌朝も、「ソーラモ、ミナトーモ」で眼をさまし、食堂におりて行くと、やっぱりこちらにお尻を向けてやっている。オヤオヤ。それからもう私は一切ピアノには手をふれないことにした。これも厳然たる沖縄学の一教程として尊重する覚悟をきめたのである。

　音とお客に対する無智、無神経に腹はたつが、しかしあまりの無邪気さが、逆にかわいらしくなる。――このことを沖縄の友人に言うと、そこが沖縄らしいところ、といかにも面白そうに笑って、内地からＮＨＫのアナウンサーがやってきた時の話をしてくれた。ある旅館で「お茶持ってきてくれないか」と女中さんに頼んだら、「いまラジオドラマを聴いてますから、ちょっと待って下さい」と言われた。〝アナウンサーたるもの、もって瞑すべし〟と彼が随筆に書いたそうだ。

　とにかく愉快なサービスだ。気をきかすということは金輪際ない。頼めば何でも親切にやってくれるのだが。そのうち気がついてくれるだろうなんて期待してると、大へんあてが外れる。さらにタイミングが狂うこと。ちょっと昼飯を食べに入っても、一時間ぐらい待たされたりする。仕様がないから間つなぎにビールを注文すると、それが食事の終ったあとから出てくるという始末だ。もっとも沖縄では、酒は食後に飲むらしいが。

　ある所で、「沖縄のホテルのサービスは悪いでしょう。世界一だそうですよ」というから、私は「悪かありませんよ」と答えた。予期に反した返事に、相手はきょとんとする。「だって、そんなモノないんだから」とつけ加えたら、みんなワッと頭をかかえた。悪いってのはそもそもすでに何かサービスがあるってことだ、という意味。こいつはシンラッだった。

ところがこれを聞きつけて、御叮嚀にもわざわざホテルに知らせた者がいるらしい。ホテル側はひどく恐縮して、気をつかいだした。その後は大へんなもの。「どうもサービスが行き届きませんで」と繰り返し謝りながら、ハラハラしてついて歩く。この善良な人達に何とも気の毒な気がした。

部屋も変った。今度はやや奥まった日本間、そこにベッドが入れてある。床柱から長押《なげし》まですっかりペンキ塗り、それはともかく、天井板にまでニスが塗ってある。なにも塗ってはいけない理由はないだろうが、日本建築の天井の楽しさはここでは惨殺されている。

第二夜にも、例の夜の騒動があった。だが今度は驚かない。ははあ始まったと思っているうちに、眠ってしまった。第三日目もちょっと目をさましたが、四日目からはもう全然気づかずに熟睡した。こちらが沖縄化したのである。

*

さて、話は前後するが、沖縄到着の翌朝にもどる。前の晩はあんな明月だったのに、どんより曇って、今にも降りだしそうな気配だ。不気味に風もたちはじめ、新聞を見ると、十一月も半ばすぎたというのにまた台風が近づいている。現在、八重山群島の南方洋上を北東に進んでいるという。今年は何度も大きな台風に見舞われ、深刻な被害をうけている沖縄の人たちは、またかと暗い顔である。

ところで、ひらいた新聞の三面に目をうつすと、真中にデカデカと、私が琉球舞踊を真似して踊っている写真がのっている。見だしに大きく「恋の島、自由の島、沖縄」と書いてある。そう私が宣言したという記事だ。

これはえらく勇ましいことを放言しちゃったものだ。まだ沖縄に着いて、何も見てやしないのに。泡もりと、それにあの情感的な踊りにすっかり酔いしれて興奮している最中に新聞記者がインタビューに来て、「沖縄の印象は?」なんて聞くから、いい調子で喋っちゃったんだ。

ちょっとテレくさい。しかも昨夜の騒ぎで沖縄の自由に対する私の確信も、いささかぐらついている矢先である。とんだタイミングだ、と、ニヤニヤしてしまった。

しかし私の直観は間違っていないはずである。

かつてこの島は「琉球は竜宮」なんていって、せいぜい享楽の島として旅行者の好色的対象になるか、あるいは民族学的に貴重な宝庫として注目されたにすぎない。本質的に日本人の肉体、夢と結びついてはいなかった。

話はいささか飛ぶようだが、たとえばゴーギャンが南太平洋のタヒチ島に自由と恋愛の天地を発見した。それは十九世紀ヨーロッパの、発展する資本主義の自由と絶望、その世紀末的矛盾への対決であり、告発であった。ギリギリの、己れと、自分の生きる世紀をともに賭けての実験であったのだ。

この島はそういう切実な精神の問題として、また現代的課題に示唆をあたえる設定として、日本の前に浮び上って来たことはなかった。なるほど貧困ではあるが自由な天地。このように美しく、豊かな情感にみちた島々について、どうしてうかつだったのだろうか。

*

沖縄見学の手始めはしかし、ここを訪れる誰でもがまず案内されるコースだ。ときどき激しくふきつけ、降ってはやむ雨の中を、南部の戦跡、島尻地方を一周することになった。ここは太平洋戦争の最後の激戦地であり、まだ癒えない傷痕が深く残っている地域だ。

有名な「ひめゆりの塔」「健児の塔」「魂魄の塔」などを見た。大地にぽかっと暗くあいた岩穴や、珊瑚礁をめぐらす荒い磯に迫って、高々と突っ立った岩石の下の鍾乳洞。そこで降伏することもゆるされず、無数の若い娘たちや少年たちが自決し、あるいは惨殺された。白い腕、脚、首がちりぢりに飛び、地底の暗闇にうもれたイメージはむごたらしい。

当時この戦いを生きぬいた友人から、いかに絶望的で無意味な戦い方をしたか、このあたりの地形に即して戦況の説明を聞きながら廻って行くと、もはや過ぎ去ったことはいえ、あまりにも愚劣な悲劇に言葉も出ない。

これらの戦場を一眼に見おろす、いちだんと高い荒い岩山の上、あそこで司令官、牛島中将が最後に自決したのだなどと聞くと、とたんにムラムラする。

情況はすべて知らされず、無数の島民や兵隊達をかりたて、一発射てば直ちに千発のお返しがくるという、手も足も出ない圧倒的な敵に対して、為すこともなく退き、追われて来た。最南端の海岸ぷちの洞窟にたてこもり、なお大日本帝国の軍人精神の虚勢に自らを縛り、鼠のように死んで行った。とことんまで叩きつぶされていながら、そして目の下に自分らのおかした惨憺たる無意味な破局を眺めながら、ついに最後まで虚栄の中に、反省もなく、「帝国軍人らしく」自刃した。――彼個人がどんな立派な人格の持主だったか、それは知らない。だがその軍部を象徴する暗いエゴイズム。――私は嫌悪に戦慄する。

旧日本軍隊の救い難い愚劣さ、非人間性、その恥と屈辱がここにコンデンスされている。これはもっともっと叫ばれてよい問題だ。

島民も兵隊も、こんな小さい島で、飢と疲労と恐怖にぎりぎりまで追いつめられ、なお戦いつづけなければならなかった。いったい人間的にそんな義理あいがあったというのだろうか。彼らの中には、何とかして生きぬこうと、見えない対岸に向って大海を泳ぎだし、力つきて溺れた者が無数にあったという。想像をこえた、絶体絶命の恐怖感である。

彼らの運命はまことに気の毒だと言うほかない。ところで、もしあの時、軍部が夢みていた本土決戦などというものが本当に実現されていたとしたらどうだったろう。血迷った狂信の末期現象はとうてい想像することのできない地獄絵巻を展開したに違いない。

内地ではとかくアメリカの軍政下にある島民生活の悲惨さがクローズアップされる。私も自由と民族的プライドを奪われている彼らの顔がどんなに暗いか、そういうアクチュアリティをも観察しなければと思っていたが、しかしこの戦跡を見ていると、はるかに日本人が日本人に対しておかした傲慢無比、愚劣、卑怯、あくどさに対する憤りで、やりきれない。

私は人間が死ぬなんて、たいしたことだとは思わない。そんなことに馬鹿騒ぎするヒューマニズムをむしろ腹から軽蔑している。しかしこういう事実を中心とした卑劣、不潔さは絶対に許せないのだ。

先ごろ来島したある評論家が、戦跡を見た感想として、これを沖縄人の「動物的忠誠」であると言った。しかしそれは事実の見かけだけ、それに語呂あわせした浅薄なレッテルであり、またしてもエゴイスティックな判断にすぎない。民衆が動物的だったというよりは、彼らをそのように駆りたて、落しこんだ仕組み、軍部ならびに官僚のシステムの無恥こそ、巧妙によそおっていながら、まさしく動物的ではないか。その方を指摘しなければならないはずだ。痛烈な憤りをもって。

私は戦前の日本政府、官僚がどのように沖縄人に対したかということを聞いた。廃藩置県後、沖縄県として施政されるようになってからの統治政策や教育方針など、そのいやったらしさにうんざりする。

沖縄人がこの島で、沖縄人として生きることを許さなかったのだ。「皇民化」という屈辱的な名目のもとに、まるで蕃族のように沖縄本来のものを圧迫し、官僚的な画一主義の枠にはめこもうとしたのである。

たとえば言葉——この土地に生れた自然で豊かな表現。また言語学的にいえば、日本語の原形を浮きぼりさせる。方言と片づけるにはあまりに貴重で美しい。記紀、万葉の古代日本語から、鎌倉ごろの言葉がここでは生活の中に生き、残っているのだ。それが無下に卑しめられ、抹殺されようとした。標準語運動に成績をあげた学校は表彰され、小学校で子供が土地の言葉をつかうと、罰として「方言札」というものを渡された。その札がたまると操行点がわるくなり、それだけで落第させられることもあったという。

また固有の芸能、その伝統は、異民族の蕃風なみに白眼視された。私の惚れこんでいる、

かつての王城首里は、いまや那覇市の郊外といった感じ。だが昔のみやびやかなゆめを濃くただよわせている。戦火の傷あともすでに古色に埋れて、静かな石畳。(前ページとも)

上　首里の霊御殿（たまうどん）の石彫
下　首里城趾の龍樋

読谷（よみたん）の闘牛

糸満の老漁夫

糸満港の若い漁夫

かつて糸満の漁夫は、小さなくり舟に身を托して遠くジャワ・インド洋あたりまでも行った。その果敢さは驚くべきだ。その独特のくり舟の舟形は美しい。

糸満では、男たちが獲ってきた魚を、浜で女房たちが買いとり、それを市場で処理して売る。儲けは彼女らの財産になり、いざという時の生活を支える。特異な経済機構である。

琉球髷の漆黒の髪につきささった白銀色のジーファー（かんざし）は、あざやかな沖縄の印象である。かつては護身の意味もあったという。

糸満の白銀堂にて

シーサーに目を入れる（壺屋にて）。

紅型（びんがた）をほす。

紅型を染める。

「かなよー」を舞う金城良章氏は、
踊奉行の家柄の直系の人である。

古典舞踊の有名な「伊野波（ぬふぁ）節」

蛇皮線をひく人

古典舞踊、「綛掛（かしかけ）」

雑踊（ぞうおどり）、「花風（はなふう）」

民俗舞踊、「京太郎（ちょんだらー）」

八重山の民俗舞踊
上　「たいらく」＊
下　白保の「夜遊び（ゆうあしび）」＊

民俗舞踊、「南島踊（ふぇーぬしま）」

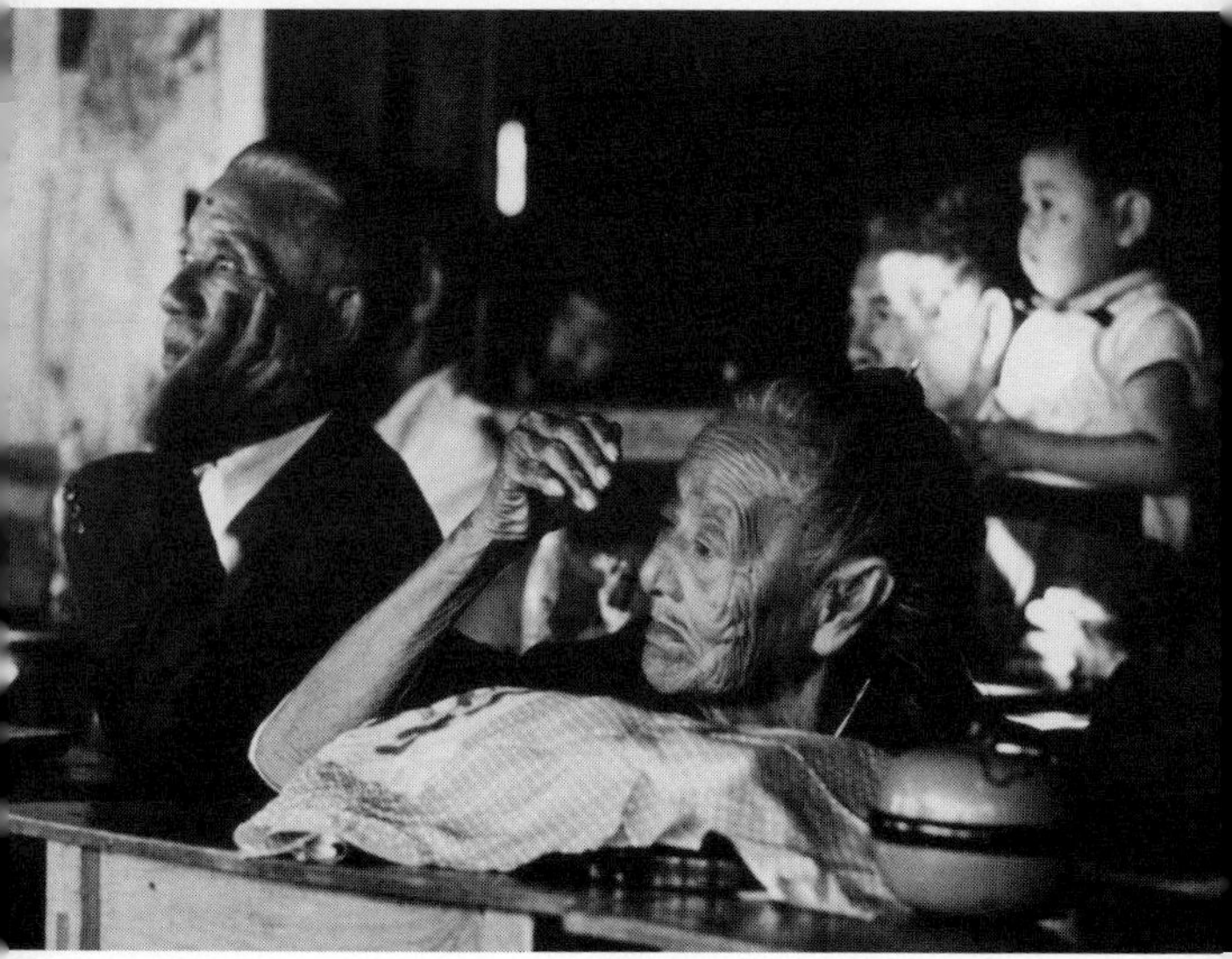

踊りを見る人たち（竹富島にて）

踊りを習う子供たち

沖縄諸島はいったいに水が乏しい。天水をためたり、またわずかな湧水をくむのにひどい苦労をする。水にまつわる哀しい伝説も多い。本島北部の金武の井戸（きんのかあ）には、豊かなわき水が出る。村の女たちが集まって水を汲み、洗濯し、おしゃべりしている。

上　石垣島白保の農村風景
下　「そてつ地獄」に苦しむ宮古島の貧しい農家

古代日本にあったのとそっくりな高倉が
なお残っている。これは大宜味村のもの。

枝葉が密生した福木は頑丈で、よく風に耐える。強風を防ぐために、この並木が家や道をとり囲んでがっしりと立っているのは、独特の風景である。これは大宜味村の福木並木。

石垣の市場にて

晴れた朝、石垣の海岸で、首を切られ血を抜かれたが、まだ死にきらない山羊が、生身のまま焼かれた。子供たちはまわりではしゃぎ、大人たちは明るく笑って眺めていた。

川平（石垣島）にて

——だからいうわけではないが、あのすばらしい踊りも、民謡も、禁止に近いまでの圧迫が加えられた。中学校卒業以上の知識層には、こういう「卑しいもの」をやることを禁止したとかしないとか。腹がたつのを通りこして、馬鹿馬鹿しくなる。

日本の官僚主義は沖縄のよさを、すべて、システマティックにぶちこわそうとしたのだ。もっとも人間的に卑しむべき、危険な政治だ。私はこの残酷な話を聞いて、激しい憤りを抑えることができない。沖縄の問題にとどまらない。近ごろ、再び官僚が古い役人根性をむき出しはじめて、やたらに統制、指導をしたがっているが、日本国津々浦々に自然に芽生えるよろこびを刈りとってしまっては大変だ。

私は自由といった。このような運命をたどった、占領と貧困の島について。しかしそれはアイロニーではない。本質的にそうなのである。だから奪回されなければならない、ふるい立ち、輝かなければならないものが、ここでは窒息させられているのだ。ところでそういうウィークポイント、いわば病巣みたいな点にふれ、憤りを感じると、その分量で、人間的にその土地の人間になってしまう。当然、同質な感懐、悲しみを味う。こういう時、いつでも私は土地の人のフガイなさと中央の官僚性、非人間性に対して、自分のこととして腹がたつ。だから告発する情熱がおこるのだ。

だがこれは、ここで私の追究する問題点ではなかった。ただ沖縄の初めの印象に、この強烈な怒りがあったという事実だけはノートしておきたいのだ。日本復帰の希望はほとんどの島民の悲願であるらしい。それは民族的に当然のことかもしれないが、いつかこの島が日本に帰ったとしても、ふたたびこのようなことが繰りかえされてはならないと思うからだ。

なまなましい現実から、つい話が残酷物語になってしまったが、しかしそういうものに耐えてきた沖縄人、そしてここの自然は、信じられないほど穏やかである。

戦跡であるというのに、その驚くべき美しさはどうだろう。

激しさとやわらかさが微妙なハーモニーをもってしずまっている。小さい島でありながら、のびのびした豊かさ。おおらかさ。しかも繊細な肌理《きめ》をもった、限りないヴァリエーション。

その日は雨雲が低くたれこめていた。空は一面に灰色。だが海はふしぎに青かった。透明なエメラルド。珊瑚礁の反射である。雨にぬれた山肌はオリーヴ色に輝いて、鋭く冴えている。この自然のみずみずしさと沖縄の悲劇のコントラスト、奇妙にくいちがう印象は、かえって一そうなまなましく悲劇的だった。

近づいてくる台風の影響で、くる日もくる日も雨、風。沖縄についてから三、四日というもの、南国の陽を見なかった。さすが、いや気がさしてくる。

　そんなときにかぎってまた、会う人ごとに、「如何ですか。沖縄の印象は」なんて訊かれるのだが、「こんな雨ばっかりの沖縄に、印象なんてありますか」とヤケッパチな文句をつけたくなってしまう。

　ところがある朝、目をさまして窓をあけると、パッと輝いた天地がとび込んで来た。海も空も、限りなく澄んで、キラキラ光りにあふれ、爽やかな風が吹きつけている。オキナワ！

　沖縄は朝に夕にゆるやかに息づいているようだ。ふくらみ、ちぢみ、――人間の生きているところはどこでもそうなんだろうが、しかしここでは殊さらに、生命のリズムを感じる。独特の、あの繰りかえし繰りかえす詠歎的なメロディの起伏のように。重い歴史を生きつづけてきたこの島の、地底にひそんだ生命力の息吹が肉体にひびいてくるのだ。同情であり、いいようのない親近感だ。

　沖縄の人たちはいい。私は大好きだ。色はやや黒く、目はギョロッと鋭い。全体に分厚い感じ。中にはひどく毛深い人がいて、胸毛どころか、二の腕から手の甲、指にまで黒い毛が密生していたりする。いかにも逞しく、ちょっとこわいようだが、よく見ると、こんな柔和な表情があるだろうかと思われるほど、何ともいえない優しさとあたたかさが感じられる。

　馬鹿に背が低くて、その割にがっちりしたタイプの人も目につく。私の友人がそうなので、「台風に吹きとばされないように、そんな恰好になったんだね」といって笑った。この街の檳榔樹の並木が風にたえてひどくずんぐりしてるのを思いだしたのだ。

　誰に会っても、底ぬけに善良だ。これでピントがあっているんだろうか、とちょっと心配なくらいだ。沖縄には「いちゃりば、ちょうでえ（行き会ったものはみな兄弟）、ぬう、ひぇだてぬあが（何の隔てがあろうか）」という言葉があるそうだ。たしかに、コチンと固まったエゴイズム、自分と他人を意識し、隔てているような、あの小市民独特のいやったらしさが感じられない。

　自然と人間をひっくるめて、ともに許容するおとなしい柔かさ。運命を見ぬき、やさしく諦観し、しかも人生を捨てきらないで、自分達の分量だけで充実して生きることを楽しんでいる——そういう善良さと、心情の美しさ故に、かえって頼りない点もある。強烈に、明確にこちらに響き、訴えてくる、そういう鋭い主張、破調というものはない。

　三日たち、四日たつうちに、私はようやく困惑しはじめた。厚みが歯ごたえではあるけれど、噛むとすっと抜けてしまう食物のような感じだ。

毎朝、案内のためホテルに私を迎えに来てくれる友人の大城君、また温い座にむかえるように私を夜の世界にひきまわしてくれる当山、平良ドクターにしても、招く人が当然そなえている構えたインギンさや距離感が少しもない。自分の家の座敷から茶の間にうつり、また書斎に座をかえるような屈託のなさで、ひょうひょうと流れ動く。その自由感はもてなしの技術として、まさに極致だが、それを別段意識してやっているのではないようだ。ながい間交易地であったこの島の人たちが、伝統的にくみとったデリカシーなのだろうか。

しかしその鮮やかなふるまい、ゆるやかな波のようにこちらを包み、運んでくれるあたたかさに身をまかせているうちに、こちらの焦点や摑みとろうとする問題が、くけ糸をはずして行くようにするすると抜けて行ってしまう。むしろ快感といっていいような虚脱感が身をひたしてくるのをどうしようもない。

ここに来て、穴でもあれば見逃すまいと身構え、写真機など首からブラ下げ、ギリギリと突っ込んで行く、自分の力んだ姿が滑稽に思えてくる。

ここの人たちはお婆さんでも若い娘たちでも、私がカメラを向けると、すうっと自然に向きを変えてしまう。まったく自然に。嫌がるとか拒むとかいうはっきりした態度ではない。そんな悪意や敵意はみじんも感じさせない。恥ずかしいのだろうか。台風の近づくのを予感して、葉を閉じてしまう植物がもしあるとすれば、そんな感じなのだ。ちょうどそのように、こちらから激しい視線を投げかけようとすると、この島の実体はすうっと捉えがたく、こちらの鋭さに応じて逃げてしまう。

「何もないこと」の眩暈《めまい》

沖縄島全体に、陽は透明な光を浴びせかけている。その輝きを吸いこんだ山の青さ。そしてところどころに傷口のようにむきだした赤い土肌。海は濃紺の沖あいから、ねっとりと、やや重たくなめらかなエメラルドの異様な縞模様を描きながら、幾重にも色を変え、この島に迫っている。白く泡だつ波頭。

海岸にそったドライブウェーをはしると、珊瑚礁の眺めはさらに微妙な色、形を浮びあがらせ、うっとりしてしまうのである。

だが私の肉体の底には、島に来てからにぶく感じつづけているけだるさのようなものがある。この熱い風を切って進んで行く現代的ダイナミズムと、島のふしぎな比重をもった時間——その実体は瞬間に私から逃れて行ってしまう——とが身のうちに一種異様な断層となっている。その落差、ズレ。音速の壁とでもいうような。苦痛感だが、また放心にさそう快さでもある。

ところで私はその感覚に身をまかせてしまうわけには行かない。私はここに観光に来たのではない。私のもとめているものはこの島の文化であり、その実体にふれて問題を展開したいのだ。

私はまるまる一週間、島内をかけずり廻った。見るべきところはほとんど案内してもらったのだが、結果は予期に反した。いわゆる「文化」というべきもの、発見としてグンとこちらにぶつかってくるものがないのである。景色は超現実的に美しいのだが、自然がいくら美しくたって仕様がない。もちろん結構なことだが、それはなにも沖縄人のせいじゃない。向うが勝手にそう出来ているんだ。

私を最も感動させたものは、意外にも、まったく何の実体も持っていない——といって差支えない、御嶽《うたき》だった。

御嶽——つまり神の降る聖所である。この神聖な地域は、礼拝所も建っていなければ、神体も偶像も何もない。森の中のちょっとした、何でもない空地。そこに、うっかりすると見過してしまう粗末な小さい四角の切石が置いてあるだけ。その何にもないということの素晴らしさに私は驚嘆した。これは私にとって大きな発見であり、問題であった。これについては後ほど展開しよう。

ところで私ははじめ沖縄にもっと具体的な文化遺産、芸術品というようなものを、漠然と期待していたのである。この特殊な地域に足をふまえた、独自な「琉球文化」というもの、それと日本文化との比較、対照によって何か発見できるような気がしていた。

私はまず琉球王・尚氏の旧地、浦添《うらそえ》にあるユードレを見た。城の裏山をえぐった横穴式の墓で、七百年以前のものだ。かつてはこのあたりは昼間でも薄暗いほど幽邃《ゆうすい》な樹立の中だったというが、いまはすっかり裸になってしまっている。米軍の上陸した西海岸、宜野《ぎの》湾一帯の平地をひろく目の下に見おろすこの台地は、沖縄のジーグフリード線といわれ、二ヵ月の間、日米の凄愴な激戦が行われた。戦後は文字通り草一本生えていなかったそうだ。墓は修復して旧態を再現している。

洞窟の中におさめられた英祖王の石棺、その他を見た。これは沖縄のいわばとっておきの文化財であり、古典である。棺のまわりに彫りあげられた石彫は、たしかに見事で、過去の沖縄文化の豊かさをしのばせる。しかしそこから響いてくるものは稀薄だった。

さらに私は首里で尚家代々の墓である有名な霊御殿《たまうどん》とか、博物館に集められた首里城の石造芸術の破片、旧王家の遺品、生活用具などを見たのだが、それらもすぐれた技術と、独自のよさをもっている。分厚でいながら、何か素朴で、重たくない。やわらかく流れている。その明るい流動感は、日本の芸術にもないし、また大陸にもないものだ。やはり沖縄の風土的なものなのだろう。日本の中世以降の芸術の重さ、アカデミックな形式の固さにがっかりしている私は、むしろこの方がいいと思う。たとえばもし日光が、いつの日か粉々に破壊されて残骸だけ残ったとしたらどうだろう。恥ずかしい、見るにたえない姿をさらすに違いない。

しかしそれらの個性、よさを感じとりながらも、何かもの足りない。つまり、こいつはどうしても沖縄だけにしかない、というような凄みがないのだ。すべてを通じていえることは、どうも、もとは中国であり、南方であり、朝鮮、日本である。そのあらゆるスタイルがまじっている。見ていると、それらの原型がダブって、反映の方が濃く出て来てしまう。いわば借りものであって、沖縄全体がそこからつき出てくるというものでは、残念ながらない。クリエートされた気配、その息吹が感じられないのだ。この島は資源に乏しく、古来交易はさかんだったが生産はしないところだ。したがって外来物の適当な綜合しかできなかった、文化の宿命かもしれない。

だが私はやはりそこにこの国の貴族文化のひ弱さ、層の薄さを見とるような気がする。文化の輸入は、みがかれたセンスと経済力があれば民衆生活とかかわりなくできる。貴族だけが外国の結構なものをとり入れるのだ。日本だって、奈良時代にせよ、近世の南蛮貿易、明治の文明開化、いつも外来の先進文化を享受したのはやはり上層支配階級だけだった。底辺にあるピープルの生活はそれによって、ながい歴史の間に、どれだけ変ったというのだろう。生活の地底から生れ育ったものでない、このような輸入文化は、リファインされ体裁よくまとまってはいても何となく稀薄なのである。沖縄の場合は日本よりさらに一まわり小さいスケールだけに、一そうそれを痛感する。

さらに民芸の専門家たちに高く評価されている壺屋のやきものにしたって、窯場をいろいろ廻ってみたが、ひどくつまらない。中には悪くないものもあるけれど、それだけのこと。そのやきものを通して、沖縄のエネルギー、その魅力がぐんと押して来て、こちらが腰をぬかしてしまうようなものではない。漆器は問題外である。

有名な紅型《びんがた》だってそうだ。あれは私はかなり好きなのだが。――京都の友禅よりずっといい。いわゆる友禅でも古典的な、辻が花から元禄小袖まで、友禅以前の染繍にはすばらしいものがあるが、友禅以降、その名で作られたものにはどうも魅力がない。技術的には大へん巧妙だ。しかし型になってしまって、動き、空間性をうしなっている。赤、黄、青というような鮮やかな原色を絢爛豪華に使っていながら、重く、かえって透明度がない。ところが紅型は日本の装飾芸術の型を受けついで、ある意味ではさらに形式的であり、抽象化されている。にもかかわらず、その中にはなにか自由で、明るい流動感がある。優美に流れてゆく空間性。沖縄を大陸的というのはおかしいけれど、そう言いたいようなおおらかなよさが感じられる。

それは沖縄の人の性格が底ぬけにいい証拠だろう。無邪気で、明朗で、こだわらない。だからよそから持ってきたものを平気で自分なりに変えてしまう。アカデミックにそのまま真似て、本場ではこうだなんて権威づらして固定してしまうのは、いやな奴らにきまっている。

紅型のよさを私は認めるのだが、しかしこれもたいした問題をつきつけてくるほどのものじゃない。

古典美術からすべてをひっくるめて、なるほど、いいものではある。だがそれはただ、いいものであるにすぎないというもの、――ちょっと変な言い方だが、そういうものだ。ただ結構なものなんて、つまらない。もっと何でもなくて、凄いものがある。私はそういう〝いいもの〟だとか〝結構〟だなんてカテゴリーを乗りこえて、無条件に迫ってくるものを、私の目で発見しようと思って来ているのだ。この程度の手がかりでは正面きって文化論を展開する気にはなれない。

この点、私はいささか気落ちした。しかしまだはるか南の海には、八重山群島、その他の先島がつらなっている。沖縄本島は戦争によってすっかり破壊されてしまったが、石垣島を中心としてこれらの島には琉球文化の古い姿、その原型がのこっている、あすこはいいですよ、と誰でもがいう。先島行きははじめから予定してはいたが、こうなるといよいよそこに望みをかけてふん込んで行かなければならない。

東京で聞いた話では、飛行機の便があるから、石垣島に行くのは簡単だということだった。ところがまったく運のわるいことに、チャーター機の契約条件が折りあわず、ちょうど一週間前から飛んでいない。向う一ヵ月は駄目だという。そうなればどうしても船で行かなければならないのだが、これは大へんだ。順調に行ってまる一昼夜。ぎりぎりのスケジュールに、これはひどく痛い。ちょうど季節風の時期で、先島航路はもの凄く荒れる。つい先だっても十八日間、交通がとだえたそうだ。波まかせ、風まかせの航路。行きはよいよい、帰りがこわい。島流しになったら、私の予定はめちゃくちゃになる。しかしこうなった以上、文字どおり乗りかけた船、覚悟をきめた。

*

那覇の泊《とまり》港の岸壁に横づけになった先島航路の船は、それでも八百トンあまりの貨客船であった。出港を待ちながら、デッキの上からようやく日が傾きかけた埠頭を眺める。

波止場というのは不思議な世界だ。ここには瞬間に人生が凝縮し、また消え去って行く。

岸壁をうずめている人々の様子はまったくさまざまだ。琉球風俗の絣の着物を裾短く着たお婆さんたち。こうもり傘を片手に、皺だらけの歯のない顔で笑っている。スーツを着た娘さんが旅行鞄を頭に軽々と乗せて歩いてくる。何から何まで、みんな頭に乗せて運ぶ。生活がむきだしになったような手荷物——風呂敷包、柳行李、段ボールの電気器具の箱、それに鶏を入れた籠まで。

はるかな小さい島々に帰って行く人、出かける人、そしてそれを送る人たちがいれまじって、情景は不思議に絵画的だ。

出港間際、人の群はいちだんと熱をおびて動揺しはじめる。五色のテープが無数に投げかわされ、その端をしっかり握って、口々に叫ぶ。黒い顔が泣きだし、笑い、どなる。セーラー服の女学生の一団が重なりあって気が狂ったように手を振っている。島から島へ、離れる距離はわずかかもしれない。だが断ち切れる絆は運命的なのだろう。この土地には何のつながりもない私は、一瞬、鮮やかに浮びあがる人生の切断面の美しさに見とれた。

港のはずれに舞台のようにつき出た名所「波の上」の絶壁が、黒々と夕闇の中に遠のき、船はひろい外洋の水を切って進みはじめる。突然、甲高い噴出音を叩きつけて、ジェット機がマストをかすめ陸地に向って突っ込んで行った。黒いシルエットに赤と青の灯が点滅する。演習を終えて基地に帰る米軍機だ。上空で旋回し、順番を待っては、暗い海面すれすれに轟音と不気味な余韻をのこして次々と降りて行く。基地沖縄の鼓動である。

＊

宮古島には翌朝早く寄港した。この島は数ヵ月前、連続台風で徹底的な被害を受けた。島全体が塩水をかぶって、樹も草も真赤になったという。農作物はほとんど全滅し、住民は有毒植物であるソテツを食って飢えをしのいでいる。俗にソテツ地獄という惨憺たる状態である。港にのぞむ岡の上には、屋根が飛んで、骨ばっかりの荒廃した大きなお寺が建っている。ふと戦国時代を思わせるイメージだ。

ここで不連続線の前線通過のニュースが入った。海上では二十メートルをこえる風だという予報。低くたれこめた雲はすでに不気味に風をはらんでいる。

荷役がすんだのに、船はなかなか出ない。荒天をついて出るか、欠航か、大分ためらっていたようだ。しかし結局、三時間ばかり遅れて出港することになった。

案のじょう、荒れ方はもの凄まじい。船は木っぱのようにゆれ躍り、風波になぎ倒されそうになりながら進んだ。とうてい立ってはいられないから、寝台に寝たっきり、しかも枠にしがみついていないと床にころげ落ちる。

ひるすぎ、しぶきをあげて荒れくるう波の向うに、石垣島の突端が見えはじめた。円錐形の優雅な山々が幾重にも連ってしずまっている。いかにも八重山という名のとおりの感じ、むしろ内地を思わせるたたずまいだ。船は激しい季節風の吹きつける島の西側を通って島蔭にまわると碇をおろした。石垣港である。もうすっかり夜になっていた。

この港は浅くて、ちょっと大きな船は横づけできない。本船は二、三キロメートルも遠い沖あいに碇泊し、ハシケで上陸するのだ。真暗な海の向うに黒くうずくまった島、そこに小さく町の灯が見える。

ハシケはなかなか来ない。船はライトを港に向けて、根気よく合図している。かなり待った。

そのうち、突然、闇の中から一隻、突っ込んできた。荒波の中で、三回、四回、危険な接近をしては離れ、船員たちの怒号のうちに、やっと舷側につける。ハラハラする。なるほどこれでは、ちょっとした荒れでも欠航するのは無理ない。あがって来た検疫や入国管理の制服の係官達にまじって、新聞社の支局の人が迎えに来てくれた。手続きがすむと、われわれはハシケのぱっくりあいた船底に荷物のように次々と積み込まれ、真暗な海を島に向った。

町の灯は次第に近づく。ようやく石垣島だ。ところがプスッとハシケのエンジンがとまってしまった。懐中電燈で故障を見ている。ひねくりまわしているが、どうにもならないらしい。不気味な風の音、波のうねりが急に高くなる。

新聞社の人は「とんだ第一印象で——」と恐縮している。石垣島の開発計画として、近く接岸できるような長い突堤、岸壁を建設する予定になっている。そうなったら——なんて話しているうちにも、ハシケはぐんぐん暗黒の方に押し流されて行くようだ。島の灯はまた小さくなった。

何の通信設備もないこのちっぽけなハシケで、しけた夜の海を漂流したら、——不吉な予感がかすめた。冗談じゃない。

だがそのうちにどうやらエンジンがまたポンポン鳴りはじめた。港に着き、われわれ船客はやっとハシケの底からはい上り、桟橋によじのぼった。

支局員が自転車を押しながら、宿に案内してくれた。盆栽など置いてある小庭からじかに縁側に上り、部屋に通される。普通の民家を直した、大変ひなびた旅館だ。

うす暗い電燈の下で一息つくと、新聞記者は早速ポケットから紙と鉛筆をとり出した。

「いかがですか。石垣島の印象は？」

私が思わずふきだすと、記者もつられて笑ってしまった。真暗な港に上り、暗い道を通って、いまここに来て坐ったばかり。石垣島のイの字も見ちゃあいない。外国の名士を、羽田空港や帝国ホテルのロビーに待ちうけて「日本の印象は？」とやって、相手のドギモをぬくジャーナリズムの伝統が、このひそやかな島にまで滲透しているわけだ。

夜の町に出てみた。

宵の口だか深夜だか、見当がつかない。静かで、暗い。夜とはこんなに暗いものかと思わせる。ところどころ、戸口がうす明るく照らし出されて、中から蛇皮線の音、歌声などが聞える。そこをすぎると再び闇、その中に低く分厚い瓦屋根、石垣がぬっとつき出して見える。ふと中世の真只中を歩いているような錯覚にとらわれる。その余韻と、香りを吸い込みながら、なるほど中世だ、と納得する。そして私は城下町のような細い道すじをぐるぐると歩きまわった。

料亭の門口にジープが一台停っていた。にぎやかに女たちの声がわいて、三、四人の人影が送り出されてきた。新聞記者が「あ、W大尉です。この島の民政官府長官ですよ。ちょうどいいから御紹介しましょう。」

すでに聞いていたが、現在この島には長官夫妻を含めてせいぜい三、四人のアメリカ人しか駐留していない。それも町からはずれた西海岸の宿舎に住んでいる。全島武装されたものものしい沖縄本島とは、まったく様子がちがっている。

夜の道で挨拶をかわす。

陽気に酔った若いアメリカ人は、顔は子供っぽいが、身体の大きい美丈夫だ。おおようて歓迎の意を示して、「どういう目的で来られたのか——できる限りお役に立ちたい」などという。二世訛りの通訳が割って入って、ペラペラと私のことを説明する。

「そんな方にいらしていただいたのは光栄です。この島は本当にすばらしい。よく見て、正しく報告していただきたいものです。」自分の領地について語る、庇護者めいた口ぶりだ。

「是非オフィスの方においで下さい。明日は独立記念日なので、私は猪狩りに出かけますが。」

女たち一人一人にもかるく冗談をいって、ジープに乗りこむと、通訳を従えて暗闇の中に走り去って行った。いい気なものだがちょっとイカセル。まさに中世の御領主様かお代官が、おしのびで町に遊びに来ているといった感じ。ジープは輿である。

翌朝は夜の暗さをひっくりかえしたようなまばゆさだった。

市役所からまわしてくれた車で島内を一巡する。ここは沖縄本島よりさらに貧しく、田舎だ。物価はだいたい半分くらい。二、三年前まで、島を一めぐりするのに道らしい道がなく、四泊五日かかったという。いまは米軍の手で全島を一周する自動車道路がひらかれて、数時間でゆうゆうと廻ってこられる。舗装はされていない。タイヤは珊瑚礁特有の孔の多い岩片とやわらかい砂土をふみながら、のどかな気分ではしる。

島全体が庭のようだ。琉球列島一に高いおもと岳を中心に、ホウラ岳とかヌスクマーペーなんて面白い名前の山々が南北に連っているが、優美な盆景だ。大浜、白保などの古い集落を通って東海岸を北に進む。そこはゆるやかな起伏のひろびろとした草地、まるでゴルフ場だ。それに続く原始林。沖縄本島とちがって、未耕地がいくらでもある。戦火を見なかった土地、見るからに豊かで、平和そのものだ。

しかしここが発展しなかったのは猛烈な風土病のせいだった。石垣島、西表《いりおもて》島など、八重山群島はひどいマラリヤ地帯で、全村死滅という悲惨がたえなかった。首里王朝はしばしば他の島から強制移住させたが、すぐまたやられる。原因、対策がわからないまま、移住しては全滅、廃村という残酷な歴史をくりかえして来た。今度の戦争でも、三、四千名も入った日本兵がほとんどマラリヤで死んだと島の人はいう。戦後、米軍の防疫対策が功を奏して、今は非常に少くなっている。そこではじめて、生後生《いきぐそー》と呼ばれて放棄されていた北部の開拓が現実の課題として浮びあがって来た。

途中、全滅した村のあとを幾つも過ぎた。風化しきって、地面全体がささくれだっている。比較的新しいのは、まるで焼跡を見る感じだ。たち腐れた柱、土台のあと、カマドが野天にむき出しになっていたり、中には荒れはてているがどうやら住めそうな家も残って、ふと人影さえ見えるような気がする。かつての生活の場が静寂の中に風化し、消え去って行く姿はひどくなまなましい。死体が立ったまま腐れて行く不気味さだ。

そういう廃墟の近くに、新しく入植した人々が森林を焼き、根っこを掘りかえして開墾をはじめていたりする。古い傷痕の上に、村づくりをしているところもあった。

山のまわりに長々と柵をめぐらしてあるのが目につく。猪の被害がひどいのだそうだ。Wお代官、今ごろどこかで射っているんだな、と思った。

やがて平久保半島のつけ根のくびれたところを通る。太平洋と南シナ海が両側から迫って、ここは二百メートルほどの距離しかない。小舟は島を廻るかわりに、ここを担いで越すという。なるほどはるかに手っとり早い。

半島の最北端に平野集落がある。船から最初に見た突端のところだ。

強風の吹きつける海辺のゆるやかな斜面に、みすぼらしい小屋がうずくまって並んでいる。劃一の二間だけの住居である。とっつきの一軒に寄ってみる。粗末な道具ばかりの家の中は何か落ち着かない。罹災者が避難しているという感じ。迎えてくれた若夫婦はきびきびした物腰だった。整った顔だちだが、生活の疲れはしみこんでいる。米軍払下げのオリーヴ色のあせた作業衣はつぎだらけである。

ここは二年前に沖縄本島から入植した六十戸たらずの計画移民で、住居などはあらかじめ政府で作って割りあてられた。開拓村としてはそれでも最も条件のいいところだそうだ。主にさつま芋を作ったが台風でほとんどやられたという。

昼は夢中で働いているからいいが、夜は淋しい。電気もない。村にトランジスターラジオが二つだけあるそうだ。夜になると村じゅうがそのまわりに集って聞く。だがお天気の悪い日はそれも大へんだ。若い人たちでも暗くなると早く寝てしまうよりほかはない。青春のエネルギーの苦痛な抑圧だ。

「楽しみといって、酒をのむことくらいですね。それも経済が許さないから、のんでる人は少いようです。」若者達のために来年度の計画としてピンポン台をそなえつけることにした、という。ヘェーと思わずこちらの方がため息をついてしまう。こんなわずかな楽しみ、最小の余剰がここでは大きな努力なのだ。

話しているそばの座敷で、三つ四つの半裸の男の子が甲のバヵ高い山亀をひっくりかえしたりはわしたりして遊んでいる。このささやかな生きものがその子のわずかな玩具であり、遊び相手のようだ。

別れをつけて出ると、戸口の古むしろの上にいきの悪い南京豆がばらまかれて、干してあるような捨ててあるような。なんとなく印象的だった。聞くと、この集落で今年、換金作物として南京豆を作った。石垣の市場まで持って行ったら輸送代にもならなかったという。

平野集落は一つの例だ。島全体がこの運命を負うている。例えば海に囲まれていながら、ほとんど漁村がない。はじめ不思議に思えた。しかし考えてみれば、いくら魚をとっても買ってくれる相手がいなければ漁業なんて成り立たない。島の中では野良仕事の帰りにちょっと浜へ出れば、貝でもタコでも伊勢海老でもすぐとれる。夕方、家路を急ぐ百姓が、よく粗い編目のビクのようなひなびた籠を下げているのを見る。その中には、とりたての夕飯のお菜が入っているのだ。そのくせ町の料理屋なんかで出すのは、色の変ったような内地もののマグロの刺身。浜でひろうようなものはお金をとる御馳走とは思っていないのだ。パパイヤの自然林があって毎年実がなり地面に落ちているというのに、拾いもしないと聞いたのには驚いた。なるほど、自給自足の経済で、拾うだけの手間のものなら価値として認識されないのは当り前のことだ。そんなもの食べるのはビンボーニンだと軽蔑される。

石垣市のインテリ青年は「この島に居ると頭も身体も鈍くなります。誰もあんまり働かない。働きすぎると困るんです。すぐ生産過剰になってしまうから」と自嘲的に語っていた。裸足で歩き、あばら屋に住み、貧しい生活をしていて生産過剰もないものだと思うが、そういう最低限の生活をまかなう素朴な農耕と原始的な採集生活の段階以上に出られない、島ちゃび（離島苦）の人々である。

近年、換金作物としてパイナップルの栽培が盛んになり、内地の資本も入って近代的な罐詰工場も出来た。全島をあげての主要産業になったのだが、とたんに昨年は原料の生産過剰になり、三千トン近くも処理できずに腐らしてしまったという。人手と機械が不足してしまうのである。

ところでそういう現代的な様相、過渡期の矛盾した現象面の底にただよい、過去を暗く彩って、今日なお島の人々の運命観を決定している「人頭税」について一言ふれなければならない。それをふまえてはじめてこの島の生活を理解することができるのだ。

徳川初期、慶長十四年には琉球は薩摩の島津侯に征服された。以後、苛酷きわまる搾取の対象になるのだが、負担は八重山に重く押しつけられた。その徹底的な収奪は、まったく冷酷無残だったらしい。

厖大な年貢は島全体に割り当てられる。どんなことをしても供出しなければならない。

十五歳以上、五十歳までの男女は、一律の頭割りで分量がきめられる。総高は不変。一人でも怠れば村全体の責任として追究された。島がどんなに飢饉であっても、またそのために大勢が餓死すれば、生き残るものの負担は一そう重くなる。

　しかもその上に御用布、海産物、船具をはじめ、四十八種類もの物納税を割りあてられ、「二十日《はつか》公事《おーでーら》」といって、月のうち大部分は強制労働させられた。このような無理を強行させるための、あらゆる非道なシステム。それを中心とした悲劇はまったく想像をこえる。

　今でもその悲しみ、恨みがこの土地全体から呻き声のようにたちのぼっている。その気配を私は皮膚にじかに感じとる思いがした。それはこの島の美しい、哀切を極めた伝説にも、歌にも、踊りにもにじみ出ている。すべて記憶はそこから出発し、そこにもどって行く。人頭税は八重山の暗い歴史の重みだ。

　しかし、にもかかわらず、いま私の肌にふれてくる時間と空間はさらさらと流れて凝滞がない。島をめぐり、石垣市内を探検、さらに離島の竹富島まで行ったのだが、香り高いまで淡々とした風物の間を、身体だけが通りぬけてしまった思いだ。

　ここでもまた実体として抵抗してくる琉球文化はない。文化財指定の桃林寺、また珊瑚礁の石を使った宮良《みやら》殿内《どんち》、石垣殿内の桃山風の庭園なども、まあよく出来たというだけのもの。

この無さかげん——それについて、ある人は人頭税のせいだといい、また今から百八十九年前、明和年間に、島の人口の三分の一をのんだ未曽有の大津波があり、全島が洗われ、それ以前の文化遺産も記録もおし流されて、まったく残っていないのだと説明する。沖縄本島は戦争で、ここは大津波。まったくなくなる方だけは実に勇ましくなくなしてしまったものだ。

＊

しかし、琉球列島のどん尻まで来て、いよいよ何もないということを見きわめたとたんに、私の心は一つ大きく跳躍した。かなり以前から、私はこれを確かめる瞬間を待っていたのかもしれない。

この無さは戦争とか津波とかいうアクシデントとは関係ない。もっと本質的な問題であり、この何もないところに、実は沖縄文化論のポイントがあるのではないか。とかく見失われる文化論の盲点がそこにのぞいている。

ぶつかってくるものがないとはいった。しかしこの旅行をとおして、いつも奥深くひびいてくる手ごたえはあった。第一に、石垣。どこへ行っても住居を囲んで、島じゅうにめぐらされている。ごつごつした珊瑚礁の石を不細工に積みあげ、烈々と白い日ざしの下でそれは重く、けわしい。夕陽をうけると、異様に軽く、人肌のやさしさを想わせる。強烈な印象だ。

　またハダシ。道を歩いている人たちの裸足はひどく魅力的だ。大地に生き、永劫に切りはなされない人間の運命。しなやかで、逞しいくるぶしだ。生命のひびきが大地とじかに通いあう。牛の皮だとかゴムなんてものでそれを遮断してしまい、そこから人間の誇るべき文化や文明が出発するなんて、公式的文化観、どう考えても面白くない。

　服装だって同じことだ。着のみ着のまま。汚れて、破れている。細い紐で前を結んだだけ。身ぎれいではないが、その姿は美しい。殊にお婆さんのすばらしさ。みんな元気で、まめまめしく働いているが、顔は皺だらけ。深く深くきざみ込まれている。ちょうどこの島の年輪がそのまま全身にやきつけられているという感じだ。また若い娘さんでも、口紅も白粉《おしろい》もつけない素肌の顔である。見られている、見てもらうなんて虚勢がみじんもない。環境の中で、手放しに充実している。

　頭にのせるクバ笠、籠——そういえば、頭上の丸い板に豆腐を一丁だけのせて売って歩いている若い女を見かけた。まことにこの島でなければ見られない風俗で、ほほえましい。沖縄の豆腐は木綿ごしで、食パン一斤ぐらいの大きさだ。時々、ごく普通の家の軒下や石垣の上に、置き忘れたように、布をかぶせたまま黙ってのせてある。いり用の人は傍のザルにお金を入れて持って行く。——ちょっと余談になってしまったが、その他阿檀《あだん》葉のむしろ、藷《いも》を煮る大鍋にかぶせる編ぶた、舟の形、いくらでもあげることができる。それらの自然に洗練された形は、完璧なフォルムである。

人間、石垣、籠、舟と区別なく並べたてたが、決して奇妙ではない。すべてがこの天地に息づく実存の多面性としてある。同価値であり、同質のエキスプレッションである。

これらすべては美しい。意識された美、美のための美では勿論ない。生活の必要からのギリギリのライン。つまりそれ以上でもなければ以下でもない必然の中で、繰りかえし繰りかえされ、浮び出たものである。

特定な作者、だれが創った、はない。島全体が、歴史が結晶して、形づくったのだ。たとえば石垣は、周期的に襲ってくる台風に根こそぎもっていかれないため、どの家のまわりにも積みかさねられる。石積みの技術、ていさいなんて問題じゃない。石は不揃いだし、てっぺんはデコボコ。幸い珊瑚礁の石はギザギザで、無造作に積まれてもがっしりと安定している。

身をまもる最低の手段として、美しさ、みえなど考えてもいないのに、結果は偶然に美しいのだ。いや偶然ではない。生活の必然から、あたかも自然そのもののように出来上ってしまったからなのである。

たまたま内地から民族学者とか芸術家などが来て、これは大へん美しいなんて感心する。沖縄でも文化人は、郷土の伝統美として保存したいなどと力んでるが、島の人は、へえ、こんなものがね、というわけだ。

繰りかえしていうが、これは生活のぎりぎりの必需品である。それ以上でもなければ以下でもない。籠だって、それがなかったら、食糧を運ぶこともできないし、生産したものを交換することもできない。お茶のパーティに行くために、しゃれて頭にのっけるニューファッションじゃない。それなしでは生きられない、のっぴきならない必要によって、生存のアカシとしてそこにある。そういうものだ。

ここには大地にへばりついたようなものしかない。首里の王朝を中心とする士族の文化は、厳重な階級制によってまもられ、庶民化されなかった。沖縄本島でさえ。まして遠く荒波に隔てられ、単に搾取の対象にすぎなかった離島では、百姓や庶民の文化はほとんど発生のままの素朴な段階にとどまっていた。

こういう文化の底辺のような感動は見失われやすいが、重要な問題を含んでいる。この底辺ははるかにのびて、日本の文化の基盤に通じあっているからだ。とかく「文化」というと、高度な成果を目安にする。たとえばエジプト、ギリシャ、ローマの文化、その神殿、彫刻、ルネッサンスの学芸、さらに東洋では殷・周の青銅器、隋・唐・奈良の仏教芸術といった、絢爛たる過去の宝物。現代文化はその遺産を受けつぎ、輝かしく発展している。殷の青銅器など、私は何よりも圧倒的な感動をうけるのだが、あの凄みのある美観は古代帝国の巨大な権力、王が死ねば、隊長以下、数百人の兵士、馬も戦車も、編成のままそっくり揃えて、ともに埋葬してしまう、こんな現代ヒューマニズムから考えると、恐しさに身の毛のよだつような、非人間的専制権力をバックにして結晶したものだ。またピラミッド、スフィンクスの沈黙の下には、数百千万の人間の労苦と叫びが埋もれている。その他、ギリシャ、ローマ、日本だっていい、古典文化のすばらしさ、絢爛たる豪華さ、また力というものは、必ずそれを生み出すユニヴァーサルな権力を背景にし、それを象徴し、裏づける。権力と世界観がマテリアルに定着され、物化されたものだ。富と力にものをいわせ、えりぬきの職人に、みがきをかけた技術をつぎこませて、美と権威を誇示したもの。ありあまった贅沢、余剰なエネルギーの奔流であり、結晶なのだ。

　それは文字どおり虚飾である。しかしまた、そこには生活から切り離れた凄みがある。非人間的ともいえる誇らかな相貌に、逆に人間の深い、激しい本質が現出する。虚飾のエネルギー、その豊かさ、情感。また帝国主義的、挑戦的ロマンティスム等々。

　この底辺に立ってふりかえってみると、それらはまるで別な宇宙の星のように輝いている。だがそこに生活の素肌の感動をうけとめることはできないのだ。

こちらにはぎりぎりの手段で生きる生活者の凄み、美しさがある。どっちがどうと言うのではない。ただ、大ざっぱに文化というが、この異なったモメントがあり、それを一応両極に対置して考えなければならないことはたしかである。

そしてわれわれにとっての問題は、余剰やヴァニティがかけらもない、絶体絶命の生命の流動のようなものが、この東洋の涯の文化圏、太平洋の潮の中にうちすてられたように点在した島々の歴史を久しい間支えて来たということ。日本だって当然そうである。大陸からの高度な文化の輸入、貴族的なその表皮をひっぱがしたら、むしろ、めんめんと生きつぎ生きながらえてきたわれわれの生命力は、その方に切実な実体があった。

文化をうんぬんする前に、いつでもこういう底辺に自分をつき落し、その因果を見すえて、そこから現実と対決すべきなのだ。

*

もう一つ、別の角度からの問題がある。今日、文化といい芸術といい、すべて西欧近代思想の体系によって意識されている。われわれはそのように教育され、その中で生活している。それ以外に世界を見るシステムをもたないし、能力さえ失っているのではないか。勿論近代はすでにわれわれのものであり、その基準・体系にまきこまれるのは無理ないのだが、しかし身も魂もそうであることはできない。根柢のところで、われわれはやはり違っている。何かのこる。同じ近代生活、同じスジの考え方をしても、その底にもっている初源的な感動には何か異質なものがある。

それはいつでも不意にもどってくる。そして隙間風のような、奇妙な空虚感をよびおこすのだ。その正体をつきとめなければ、われわれはついに存在の底の底から充実しないで、終ってしまうだろう。

西欧近代は古代中近東、地中海文化の初源的な感動から出発し、それを土台として中世、ルネッサンスを経て結晶した、その結論である。中近東、ギリシャ、決して単純にはいえないが、たとえば石という、堅牢さを土台にした世界観。それは既に文化の不朽性への呪文であり、強固さは明確と構成を暗示する。きめはあらいが、スマートだ。この初源的なエモーションが、西洋文化の歴史にみゃくみゃくと流れ、展開している。

ところがこちらにあるもの、その肌あいはまったく異なっている。ながい歴史の間、地面にへばりついた植物のように、自然そのままに生きてきた。台風に吹きさらわれ、破れ、自然に朽ち、風化し、しかし新しい芽がその下からしっとりと生え育ってくる。そして同じ運命をくりかえしたどって行くのだ。

それは淡々と凝滞ない。堅牢だとか、永らえることが価値だなんて、考えもしない。この世界では物として残ることが永遠ではない。その日その日、その時その時を、平気で、そのまま生きている。風にたえ、飢にたえ、滅びるときは滅びるままに。生きつぎ生きながらえる、その生命の流れのようなものが永劫なのだ。

柔軟で、きめの細かい肌あい。素朴で、もろく、はかないようだが、強靭なのだ。それは中近東、地中海文化圏の初源的な感動とはまったく異質な強さである。

　こんな風に指摘すると、近世日本のわび、さび、はかなさみたいなもの、そういう風情で受けとめてしまうおそれがあるが、封建モラルがマイナスの方に色あげしてしまった運命観、あのじめじめした、陰気ないのちの哀しさとはおよそ違う、この天地にあふれているものは、はるかに明朗であり、屈託ないのびやかさだ。

　島のこの素っ裸な風物にふれると、日本人の奥底にまだ生動している生活のきめを直観して感動する。それは見過してはならない、微妙なニュアンスではあるが、またわれわれを決定しているものではないか。

　断わっておくが、石垣やクバ笠を美的価値、文化価値として再認識すべきだといっているのではない。われわれが現在いる場所から観賞し、捉えるのでは手続きが逆である。とかく民芸趣味のように、ひなびた趣きとして喜んだり、近ごろはやりのグッド・デザイン的観点から、無駄のない機能的美しさに感心したりする。それもいいが、問題の筋が顚倒している。

美しいものではあっても、美しいと言わない、そう表現してはならないところにこの文化の本質がある。生活そのものとして、その流れる場の瞬間瞬間にしかないもの。そして美的価値だとか、凝視される対象になったとたん、その実体を喪失してしまうような、そこに私のつきとめたい生命の感動を見とるのだ。

さらに強調していう。問題は石垣や裸足やクバ笠ではない。その美しさなんて、本質的にいってそんなもの、あろうがなかろうが、どうでもいいことなのだ。ただそれが媒体となり、それを通して直観し、感じとる、永劫——なまなましい時間と空間。

悠久に流れる生命の持続。

はじめに引用した残酷物語——夕日があかあかとさしている、飢えた炭焼小屋の戸口で、子供たちが斧をといでいる。小さい手のうちで刃がキラリと光る。——その光の中に悠久があらわになる。凝滞のない世界。原因と結果はそれ自体のメカニズムで充実し、動いている。それは弱くも強くもない。道徳でも非道徳でもないのだ。そのことを私は既にいった。そして日本と周辺の世界、その運命は、こういう根源的な時間のひろがりと無縁ではあり得ないことをも。

このふしぎな時間、それが沖縄人にとって幸であるか不幸であるか、それは別の問題である。だがわれわれ自身をふりかえってみて、現在決して充実していない、空虚感はどうにもしようがないのである。

　われわれは時間によって区切られ、いつも追いかけられる。しかもさらにこちらの方からそれに追いつこうとして焦《あせ》るのだ。もう何時だとか、あと三十分だ、なんて。瞬間瞬間はかえって空虚になる。実際にはきりきり舞いしてやっていても、なんにもしなかったんじゃないかという錯覚におちいってしまうのだ。

　またこの時間の内容はひどく複雑で、せわしい。政治、経済、労働問題、相場、角力、野球、テレビ番組、そしてそれらを反映した新聞、週刊誌。その奔流はバタバタバタッと凄い音がしている感じだ。俗にマスコミ禍なんてことがいわれているが、どんなに矛盾を感じても、現代人はこの巨大な雑音なしには生きられない。私のように、好きなこと以外は絶対にやらず、気ままに生きている者だって、それに無関心ではいられないし、時にやりきれなくなる。

　この目まぐるしさはどうしたものだろう。文明開化以来、西欧から入ってきて頭からすっぽりはめ込まれた近代、その時計の針に一生けんめい追いつこうとした後進国意識、その焦りが身についてしまったのではないか。どうも本当の生き方ではない。

しかし勿論日本にかぎらない。世界じゅうのオーガニゼーション・マンが、自覚するしないにかかわらず落ちこんでいる絶望的なシチュエーションである。生命のリズムと時計の針との違和感。というよりも生命自体が画一化しているということだ。そういう矛盾がどこからくるかという問題は一応別として、ただ空しく一方的時間にのまれてしまっては、生きてる甲斐がない。

この旅行から半月ぶりで東京のわが家に帰ったとき、ほとんど乱暴ともいえる肌ざわりで、このズレを感じた。驚いたのは、書斎にうず高く積まれた留守中の新聞、週刊誌、雑誌、単行本、そして書簡類のもの凄さだ。わずか留守している間に、これほどたまろうとは。手をつける勇気も消えうせた。いつもはその日その日の新陳代謝で気がつかないが、ちょっとでもたまると絶望的だ。考えてみれば、あまり栄養にもならないこの紙束をよくまあ、せっせと、毎日のみ下していたものだと、われながら奇妙な気がした。

結局、私はこの留守中の滞貨には一切手をつけず、きりすててしまった。サッパリした。そのために別だん太りもしないし、やせもしない。かえってその半月ぶんだけ、若がえったような気分だった。

そのときふと、浦島太郎物語を思いだしたのだ。南の海から帰って来た太郎だから、というわけではないが。

浦島が竜宮からもどってみると、時代はまったくうつり変っている。自失した。救われないほどの喰いちがい。チャンピオン浦島はそれにたえなければならなかったのだ。それなのに彼はおろおろして、玉手箱をあけてしまう。中からたちのぼる白煙は時間の回帰だ。とたんに、彼は腰ぬけジジイになってしまうのである。

桑原、桑原！

強いものは無限にずれてゆく時代にたえ、その虚無をのりこえるべきである。

しかし時空を超越して、食べたいときに食べ、勝手なときに眠り、目がさめたら偶然そこにお日様があがっていた、というような、また人と会う約束なんかもしない、つまりユーキューの時間に生きようなんて、とぼけた決心をしたって、現代社会では許されない。今さら琉球なみになるわけにはいかないのだ。

どうしたら二つの矛盾する時間をそのまま捉え、生命の充実をとりもどすことができるか。問題は組織された社会の、組織された時間の中に、この初源的な感動の持続をいかにもり込み、生かすかということだ。ますます激しく直面し、解決してゆかなければならない課題であろう。単純ではない。現代社会がいかに科学的になり、進歩的であっても、またヒューマン・リレーションなんて百パーセントの善意を信じたとしても、厖大な組織それ自体が運命的にはらんでいる危機、官僚化を喰いとめることはできない。体制の裏側に常にたちあらわれてくる黒い魔性。

現代芸術はその一般的官僚化、小市民化に対しての告発であり、失われた時間の奪回である。それは人間生命の暗闇から根源的な感動をひき出し、純粋な形で叩きつけようとする。——西欧精神が究極としてうち出した、なるほど徹底的な反抗であるが、とかくそれは抑圧された自由への告発である。それを果して自由というべきだろうか。抑圧への反抗、即自由であると考えるのは錯覚だ。

いったい、もっと平気で、素っ裸のままの時間というのはないのだろうか。底ぬけで、無邪気で。

ところでこの沖縄の裸足や石垣、その生命の持続に感動すれば、血の中に同質の時間が流れはじめる。それはまるで流れでる口を待っていたかのようだ。

この直観がどのように実体となって生活の中に流れ出てくるか。たとえばその感動は芸術家であったら作品の中に、当然あらわれるはずだ。あらわれる。しかし何の保証もない。問題はそこにあらわれるかあらわれないか、あらわれたかあらわれなかったか、だけである。それに関して保証なんかみじんも必要はないのだ。

＊

どうやら純粋な文化・芸術論にとび込んで、沖縄をすっぽかしてしまったようだ。しかし、まだ石垣島は大きな問題を含んでいた。音楽、舞踊、そして文学。だがそれは次の章に発展させる課題である。

いま私はこの島を離れて、再び本島に向って真青に荒れくるう海をはしっている。くるときは鉛色の空と水、追い風にほんろうされて来たのだが、帰りは天気晴朗なれども波高く、空はカラッと晴れて、猛烈な季節風がまともに吹きつけてくる。

かつて沖縄本島から、この激しいシーズンに、人頭税をとりたてる数十隻の船が、一せいに帆をたてつらねて南にはしった。そのものものしいイメージを波間に幻想する。

私は真昼の紺碧の海のしぶきを浴びながら、咽喉の奥に、何ともいえないにがいものを味わった。

私が感動してきた純粋さ、それは「民族の底の奥ふかいエネルギーだ」と私は言いたかった。が現在それはエネルギーではない。エネルギーになるためには、転化されなければならない。ところがそれは今、それ自体として主張する力を持たない。むしろ埋もれることに安住しているではないか。

私はその美しさと強靭を強調したが。しかしそれはまた不潔でもあった。清純なるが故の不潔さ。

沖縄に来てから、瞬間瞬間に私に問いかけてきた、あの不思議な比重をもった時間――

ペロッと出したながい舌のような。

私はふと戦慄した。

にがい。そのにがさにたえなければならない。幅ひろく、無限に。

八重山の悲歌

悲しい思い出がどうしてあのように美しいのか。

八重山の辛く苦しかった人頭税時代の残酷なドラマを伝える、さまざまの歌、物語を聞いて、その美しさに激しくうたれる。

美化しなければあまりにも辛く、記憶にたえないからか。いやそれはほんとうに美しいからではないだろうか。そのとき、人の魂はとぎすまされ、その限りの光を放つからであろう。

——恋しあっている若い二人があった。男が強制移民で遠く離れて行かねばならなくなった。一緒にやってほしいと願ったが、どんなに頼んでも集落が違うので許されない。いよいよ別れる前の夜、恋人たちは山に上った。いつも忍び逢っていた石の上で、一晩じゅう悲しみあった。泣きながら二人は石をたたいた。夜が明けて、見たら石に二つ穴があいていた。そのくぼみは女の方が深かった。……川平《かびら》の男と崎枝の女ともいい、桃里の男と野底《ぬそこ》の女の話ともいう。

こんな美しい悲しみ、こんな純粋な話を、私は知らない。さりげない単純さ。たとえばギリシャ悲劇などの、天地が動顛するような慟哭の悲劇にくらべて、このくぼみはどんなに小さく、ささやかであるか。だからこそまた痛切である。単純で、底ぬけに無邪気、しかも絶望的になまなましい歎きをうち出している。

女の方が深かった――それは執念でも、諦めでもない。いのち自体、そのたしかめであり、その悲しみの深さである。女における人間の運命、そして沖縄全体が、そのくぼみに現われているように、私には思える。

「いのちのやさしさ」と私ははじめに言った。そのぎりぎりの切なさ、これはそのほかの何であろう。

この物語は言い伝えで、歌ではない。しかし、ここにはこういう激しいかなしさを見事に昇華した無数の歌、音楽・文学がある。八重山は恋の国、歌の島として名高い。沖縄本島で歌われる琉歌の中にもこちらから伝わったものが多い。酒席のさざめきの中に聞く絃歌でも、酔った耳にふとしみ入る独特の「なぐりなぐり（哀調）」にひき込まれて、これはすばらしいと感歎する。それはほとんど八重山系の民謡だった。ここに来て、そのもとにふれると、一だんと純粋に心をゆさぶられるのである。

さらに八重山での発見は、ユンタ、ユングトゥ、アヨウ、ジラバなどの、口から口へ伝えられた詩である。

ユンタ——読歌。あるいはユイ歌の意味だという。ユイは共同作業。

ユングトゥ——読言《よみごと》。または禱詞《よごと》。

アヨウ——綾語（叙事詩）。綾歌。あるいはアユ（こころ、思うという意）からきた言葉で、沖縄本島の「おもろ」や「うむい」（心の思いを率直にのべること。沖縄の「のろ（巫女）」の口承文学）と同義だという。

ジラバ——確かな意味は不明。集落の次男、三男に新しく地域を与え、井戸を掘ってやることをジュラバというので、井戸を掘る歌から発したのだとか、地名説、人名説もあるが、はっきりしていない。

これらの中には、「おもろ」や「うむい」または宮古島の「ニイリ」とか「ユンテル」などと同質の、神事の際の祈願の詞もあり、縁起ものの祝い言もあり、あるいは伝説を物語る叙事詩もあり、純粋に自然を歌った美しい詩もある。ところ・場合に即して、内容はすばらしく豊かである。

八重山では民衆は文字を使うことを許されなかった。生産や納税に欠くことのできない数字さえも、藁を編んだ独特の結縄文字で計算し、記録した。だからあらゆる物語、伝統は文字でなく、口から口へ語り伝えられた。それが今でも民衆の間に歌いつがれ、この島の響きになっている。人間の声、言葉に密着して、文字のない文学、つまり「文学」以前の文学、それがここにいきいきしているのだ。

文字のないゆえに、いいたいことが逆に尖鋭になるのか、驚くべき表現がある。虚飾のない、ギリギリの感動を伝えてくる。

しかしそれについて言う前に、ふたたび人頭税の思い出にかえらなければならない。近世以降の八重山は天災と悪疫にいためつけられたうえ、むごい税の負担にあえいでいた。それは可能の限界をはるかにこえていたことはすでに言った。王府は収奪を確保するために、おどろくほど細密な労働規則をもうけ、体刑・鞭で監視した。一方徹底的な連帯性を強行する。年貢米はもちろん、四十八種の物納の税も村単位で集められ、一人でも納めきれないものがあれば他の者がそれをひっかぶらなければならない。首里の王府までそれを運ぶ船が難破すれば、その分は未納として追徴された。

石垣島の郷土史家喜舎場さんは、すでにかなりの年配だが、子供のとき、まだその頃まで続いていた人頭税の苦しさを、身近に見たという（八重山では廃藩置県後も人心の動揺を恐れて、明治二十七、八年まで昔どおりの人頭税制度が実施されていた。徐々にそのきびしさは緩和されたが、正式に廃止されたのは、地租条令が実施された明治三十六年。以後はじめて平等の日本国民として生活できるようになった）。

喜舎場さんはいう。「昔の百姓は、そりゃあかわいそうなもんでした。夏でも冬でも、芭蕉布、木綿の膝っきりの布子一枚、縄の帯をしめて、朝から晩まで働きに働いて、王様に税を納めるために生まれて来たんだ、と諦めていたもんです。

上納の布を織るときには、女たちを集めて、役人がつきっきりで監督する。首里からは、とても考えられないほどむずかしい、こんな柄どうしたら織れるのかと茫然とするほど手のこんだ柄見本をつけて指定してくるので、一日かかって一尺も織れない。泣き泣きやっと織り上げて、納めるときには、広場に竿をわたして、一反ずつ反物をかけて、眼鏡をかけた役人が毛ほどのきずも見逃さぬ検査をする。少しでもダメが出たらはじめから織り直し。村の全部が合格しないかぎり、納まったことにならないのです。年貢米でも縄でも材木でも、みんなそんな風にして集めたもんです。

だから収納切《しゅのんきり》といって納税がすんだときには村じゅう大祝いで、女たちは気違いのようになって踊りくるい、酒をのんで、この世の終りのような騒ぎでした。」

納税の労苦は数多く歌い込まれている。今日なおそれは、なまなましい歌声である。

あしゃげ節（石垣島・平得）

あしゃげ家ぬ、なれや、二十舛《はたゆみ》ぬ御用布《ぐいふ》、
夜《ゆる》や昼《ひる》なしよて、すらな、なゆみ。
布《ぬぬ》じゅらさ、しよて
綾情《あやじゅ》らさ、すりば
いと心安《ぐくるや》す安《や》すと、上げてしでる。
油断すな乙女《みやらび》、
うるさすな、乙女《みやらび》
働らちゅるなかど、果報《かふ》や、ちちゅる。

——毎年琉球国王へ献上する極上品の細上布の御用布を洗濯し仕上げるあしゃげ家という作業小屋で、村中の女たちは夜昼なしに全力を尽して働かなければならない、上納の縞柄や地質を見本どおりよく調べたうえで色艶よく織り上げてあれば、何の心配もなく、完納できて安心だ。だから、油断しないように、なまけないように。女たちよ。丹精こめて努力するほどよい仕合せが来るのだから。

布晒《ぬのさらし》節（石垣島・大川）

天加那志《てんじゃなし》、御用《ぐゆう》ぬ
二十舛《はたゆみ》ぬ、御用布《ぐいふ》
ばん女《ゆなぐ》とて、
油断しぬ、なゆみ
ちき美《じゅ》らさ、しちょて
ゆみ、じゅら、上《あ》ぎら
布《ぬぬ》じゅらさ、しちょて
綾じゅらさ、しゆて
白浜に、下《う》りて
潮水《うすみじ》ゆ、かきら
干晒《ぶしざら》し晒《ざら》し
上ぎて、しでら
繰《く》りがいしがいし

上ぎて、しでら。
今日《きゆ》ぬ、ゆかる日に
照る、太陽《てだ》ん、うちゃて
心《くくる》安《や》し安《や》しと
晒《さら》ち戻《むど》ら
わした肝《きむ》揃《す》るて
拝《うが》てある美《み》布《ぬぬ》
吉《ゆか》る日《び》撰《い》らで
上ぎて、しでら。

——国王様へ上納するために織り上げた極上品の細上布。私たちは女だからって納税に油断ができましょうか。織り上げた上布を砧に搏って品をよくしましょうよ。縞模様も正しく美しく整えましょう。白砂の浜に持って行き、潮水に一夜ひたし、また取り上げて、白砂の上に干し晒して真白になった時に、首尾よく、納めましょう。

今日の吉き日は天までも通じたものか、照る太陽までも都合よく、細上布を晒すのにお誂え向きの好天気だから、安心して晒して戻りましょう。私たち心の合った者たちがこんなに揃って心をこめて仕上げた布なんだから、吉き日を選んで無事に上納して、お互いに重荷をおろしましょう。

古見の浦《くんのーら》の《ぬ》ブナレーマ・ユンタ

古見の浦のブナレーマ
世《ゆう》ば稔《なう》る
美代底《みよそこ》の
みやらび
うるじんぬ、なるだら
若夏《ばがなち》の《ぬ》、い来《く》だら
やり此《く》の《ぬ》拍子《ようし》の《ぬ》（ハヤシ）
やれ此《く》の《ぬ》拍子《ようし》（ハヤシ）
汝《な》らかない、所以《ゆいん》ど
十尋布《といるぬぬ》の《ぬ》、ちにやんど、
汝《な》らかない、取り持《む》ち

十尋布《といるぬぬ》、抱《た》ぎ持《む》ち
前の浜《まいぬばま》、走《ば》り降《う》れー
寄合浜《ゆらいばま》、飛び降《う》れー
ないしゃーにば、引《び》きゆるし
艫高《とむだか》ば、押《う》しゆるし
汝《な》らかない、抱《だ》ぎ乗《ぬ》しえー
十尋布《といるぬぬ》、取り乗《ぬ》しえー
大石垣《うぶいしやぎ》、渡《ばだ》りょーり
親島に《うやじまん》、移《うち》りょーり
何間ぞ何時《じまどじま》、舟着《ふなち》き
美崎の前ぞ《みしゃぎぬまいど》、舟着《ふなち》き
何処ぞ何処《どきやどどきや》、宿取る
蔵元の前ぞ《うらぬまいど》、宿取る
調べ座に《しらびざーん》、走《ば》り這《ぺー》入り
長蔵に《ながぐらん》、入《い》り這《ぺー》入り
調《しら》び主《しゅー》に、うんぬけー

纏め主《まとみしゅー》に、うやいし
大蔵元の《うふうらぬ》、戻《むど》るには《んんや》
大和屋に《やまとやーん》、走《ば》り這入《ぺー》り
大和屋の《やまとやーぬ》、儲《もー》ぎ物《むぬ》
油壺《あんだちぶ》、一箇《ぴとぐ》。

――西表《いりおもて》島の東海岸、古見の浦のブナレーマ、美代底の乙女は、初夏の更衣の頃になったので、上納の十尋の御用布を納めるために、それを抱えて前の浜に走りおり、三反帆のくり舟、艫高舟を引きおろし、上納布を乗せて石垣島に渡って行った。どこに舟をつけるか、美崎の波止場に舟をとめた。どこに宿をとるか、役所の前に宿を取った。検査所に行き、収納所に行き、検査役に申し上げ、収納役に差し上げた。御役所の帰りには、大和（日本）商人の家に立ち寄った。大和町屋の男に身体を売って、男から貰ったのは、髪につける油、たった一瓶。

離れ小島に住むものは、石垣島の人々よりも一そうひどい条件に耐えなければならなかった。その生活の苦しい足どりが、しかしここではひどく無邪気に表現されている。だから最後の一句「あんだちぶ、ぴとぐ」が、ユーモラスだが辛辣に生きている。

月《ちき》夜《や》浜《はま》節（石垣島・平得）

月《ちき》夜《や》浜《はま》だき
岸の浦《ら》ぬ木《む》綿《みん》
木《む》綿《みん》花《ぱな》作《ちく》て
木《む》綿《みん》かしかきら
繰《く》り返《が》いしがいし
指はちき見あぎりば
筋《しじ》むちぬ美《ちゅ》らさ
ゆみ美《じゅ》らさ、あむぬ
吹かば飛ぶ手拭《ていーさじ》しよて待ちゅら

――岸の浦という耕地に作った綿が成熟して、一面に白い花がひらいている。真白に輝いた月夜の浜を見るようだ。木綿花を作って、糸車にかけてよい糸を作りましょう。幾度も繰り返し繰り返しはじいてみると、繊維の細く美しいこと、何てきれいなんだろう。こんな糸で、ふっと吹いたら飛んでしまうような、軽くてしなやかな、上

　　質の手拭を織って待っていましょう。

　八重山の乙女は心を許したただ一人の男だけに、自分の手で美しい手巾を織って贈る風習がある。「思《うむ》いぬ手拭《てぃーさじ》」といって、それは男の一生のお守りにもなるのである。この歌はティーサジによせて、乙女のやさしい心をうたった恋歌だと思うのだが、その抒情のうしろには、やはり信じられないほど辛い生活があるのだ。

　岸の浦という耕地は極上布を織る木綿の栽培に適した肥沃な土地だった。しかしこの歌の作られた平得から、山越しのひどい悪路を五里あまりも耕しに通わなければならない。そのためにこの地方独特の「小耳草鞋《みんなーふち》」という軽便ワラジができたという。

　それでもまだ彼らは恵まれた方である。かわいそうなのは耕地のほとんどない小島の人たちだった。それでも人頭税の年貢米は納めなければならない。荒波を乗りきって、よその島に渡り田畑を作った。「新城島《ぱなれま》ぬ前《まい》ぬ渡《とう》節」など、その舟唄である。往き来できるほど近くの島に土地が得られればよいが、そうでないと親兄弟、妻子と別れ、家を出て石垣島とか西表島という大きな島に渡り、雨露をしのぐだけの仮小屋をたてて稲を作り、収穫を終るとまた自分の島に帰って行ったという。流人の生活である。あるいはまったく故郷を捨てて、未開の土地、悪疫の島に移住して行かなければならなかった。そのように耕地にひきずり廻されている人間の運命に、われわれは何をいうことができるだろう。

まざかい節

生《ま》りや、竹富《たきどん》
すだてや仲間《なかま》ぬ、まざかい
いきゃぬ、ゆやんど
なぐぬ、すみやんど
仲間越《く》いだ
大浦田《うふあらだ》ぬ、港口《みなぐち》ぬ、ゆやんど
餅米《ぐみ》ぬ、白米《しらぐみ》ぬ、欲《ふ》しやんど
古見嶽《くんだき》ぬ、八重岳《やいだき》ぬ、真上《まうぃ》なが
三日月ぬ、若月《ばがづき》ぬ、立ちゆらば
三日月で若月《ばがづき》で思《うむ》よんな
まざかいで里前《さとまい》で思《うむ》いぶり
竹富《たきとん》ぬ、仲嵩《なかだき》ぬ真上《まうぃ》なが

白雲《しらくも》ぬ、乗雲《ぬりくむ》ぬ立ちゆらば
白雲で、乗雲で思《うむ》よんな
乙女《みやらび》で、かぬしゃまで、思《うむ》いぶり

――マザカイという男は竹富島の生まれだ。仲間（竹富島より七、八海里もある西表島の村。西表島は猛烈な風土病、マラリヤのために近年までほとんど人が住みつくことができなかった。五〇頁参照）なんて恐ろしいところへ、いったいどうして移ったんだ。そこには大浦田というよい田圃と、よい船着場があるからだ。人頭税のために、餅米や白米を作らなければならない。そのためにそんなところまで行ったのだ。恋しい女と別れるとき、マザカイは言った。西表島の古見嶽《くんだき》、八重岳《やいだき》の上に三日月がのぼったら、ただの三日月だと思うなよ。お前の懐しいマザカイだと思っておくれ。乙女は言った。竹富島の仲嵩の上に、白雲がむらむらと立つのが見えたら、ただ白雲がたつとは思わないで。貴方のかわいい私だと思って下さいね。

悪疫のために人口が激減したり、全滅する村があったりすると、税額を確保するために役人はそこへ他所から強制移民を強行した。いったん移住ときまったら、絶対だった。はじめに話した石を叩いた男女のような、相愛の仲がひき裂かれる悲恋物語もある。しかし目には見えなくとも、ひろく深く結びついた生活の実体があったはずだ。それが無神経に、官僚的に、一切の事情をかまわず、村の中に一線を引いて、ここからは移住、こっちは残る。まるで人間のなま身を、ここからは腕、ここからは首、下腹と断ち切るようにひき裂いたのだ。

崎山ゆんた

崎山ぬ、新村《あらむら》ゆ、建てだる
与那国口《ゆなぐぐち》、崎山港《さきやまぐち》ぬ、ゆやんど
野浜地《ぬばまじ》、金久地《かにくじ》ぬ、ゆやんど
誰《たる》ど別《ば》ぎ、じりど別《ば》ぎで、思《うま》うだら
女《ゆなぐ》やぐさみ、男《びふな》やぐさみ、別《ば》げられだ
許しゃ主《しゅ》ぬ前《まい》、肝ちゃ御主《うしゅ》がなし
許しゃくと、肝ちゃ事、我知《ばし》さぬ
公儀《くぎ》ぬ御仰《ういし》せ、御主《うしゅ》ぬ、言葉《くとば》どやるす
天ぬ雨《あみ》や、笠被《か》びど、ぱんし
上《うぃ》ぬ雨《あみ》や、蓑《んぬ》着しど、ぱんし

うりやるか、くりやるか誰《たる》ん、ゆむみし
あにやる崎山、あねる島で思《うむ》だる
立ちば立ち、居《う》りば居り、嬉《さに》しゃる
七月《しちんぐわじ》ぬ、遊《あす》び月《ちき》ぬ、立ちゆだら
ユクヤ頂《ちじ》、嶽《たき》や頂《ばな》、登《ぬぶ》りて
生《ま》り島ゆ、我島《ばがしま》ゆ、見やぎりば
見らでしば、目涙《みなだ》まり、見らるぬ
取らでしば、遠《とゆ》さぬけ、取らるな
行《ば》らでしば、舟《ふに》ぬ路ど、やるそな
行《い》かでしば、渡《とう》ぬ上《うい》やりき、行《い》かるぬ

――西表島の崎山に新しい村を開いたのは与那国口《ゆなぐぐち》という良い港と、野浜地《ぬばまじ》と金久《かにく》地《じ》という肥沃な土地があったからだ。いったい誰々が選ばれて移住させられるんだろうと思ったら、寡婦と男やもめということに決められた。どうぞ国王様、許して下さい。お役人様、堪忍して下さい。だが役人は無慈悲にいう。「私が勝手に免除してやることはできない。これは国王の御命令なのだぞ。」空から降ってくる雨ならば、どんな豪雨でも笠をかぶり、蓑をつければ防ぐことができる。だがこうなっては、もう誰にもどうすることもできない。仕方なく、あんな恐ろしい、ひどい島の、崎山だと思って来てみたが、それでも暮らしてみれば、住めば都だ。だが七月、故郷でみんなで楽しく盆踊りをして遊んだ頃になると、懐しさ恋しさに耐えられない。ユクヤ頂《ちじ》という高い見晴らしのいい丘に登って、遠く生まれ故郷の波照間《はてるま》島を眺めると、涙がいっぱいにたまって、見ようとしても見られない。手をのばして捉えようとするが、遠い彼方なので届かない。行ってみようとしても荒波遠い海の果、どうすることもできないじゃないか。

このような無慈悲きわまるシステムを実行する役人たちの権限は絶対であり、横暴なのも多かった。島々をめぐって美しい女が目につくと、ただちに召し上げる。また貢物取立てのため沖縄本島から出張してくる役人たちを歓待するためにも、よりすぐった乙女たちを揃えて侍らし、これを「仮屋の姉御《あんま》」と呼んでいた。

今日考えればけしからぬプロスティテューションだが、このような社会制度の中にあって、それは島の経済を救うことでもある。賤しいどころか島民の目には晴れがましい姿だったに違いない。そういう雰囲気の中で、乙女たちは選ばれた誇りをもって、ほんとうの女房よりもさらに可憐な純情と誠意を捧げてかしずいた。恋の島、八重山である。

また役人の妾になれば、税を免ぜられるという特権がある。子供が生まれれば、その子は士族である。逆に島民たちは役人の見廻りというと、娘たちをできるだけ美しく装わせて、わざわざ家の外で機を織らせたりして、おめがねにかなうのを待った。また御用布を納めるときには、各村々とも美貌の娘たちを揃えて繰り込んで来て、厳格な検査にいくらかでも手心を加えてもらおうとした。

きやいぞう節

きやいぞうぬ、内から
選《いら》びとり、みやらび
頭数《ちびりかじ》、うちから
選《いら》びとり、かぬしや
小川《かぁらま》ぬ、水《みじ》だぎ
小港《みなとま》ぬ、潮《うす》だぎ
出でりばん、我《ば》二《に》人《たり》
入りらばん、我二人

——ここに連れてきている美しい乙女たち、可愛い娘が大勢います。お役人よ、誰でもお望みのを選びとって下さい。そして結ばれた二人は、ちょうど小川の水のように、また小港の潮のように、出るにも入るにも、何処ででも、二人仲よく一緒に暮らしましょう。

それは乙女たちはもちろん、それにつながる島人たちの夢であり、憧れだった。

だが中には、権力にレジストした悲劇もある。

ぬずげまじらば

「ぬずげま」という美しい娘が、ある男と恋しあっていた。役人が見初めて、妾になれと言う。どんなに断わっても許されない。女は逃げて、あちこち隠れたが、ついに逃げきれず、死んでしまった。

片《かた》乳《じ》から樫木ぬむや
片眼《み》から、どしぬ木ぬむや
樫木や舵取りてそ
どしぬ木や、船体《どう》ゆ取りでそ

ゆぬ主《しゅ》ぬ前《まい》ぬ、乗りたんでそ
原ぬ主ぬ、乗りたんでそ
たこなりてん、ゆぬ乗《ぬ》らりてそ
船《ふに》なりてん、ゆぬ乗《ぬ》らりてそ
命《ぬじ》ばだに　乗られらばそ

——その死骸の片方の乳のところから、樫の木が生え出た。片方の眼からはどしぬ木が生えてきた。それらの木が成長して大木になった。これは立派な木だというので、樫の木から舵を作り、どしぬ木から船体を作って、お役人がその船に乗った。こんなになっても、船になっても、あなたは私に乗って、想いをとげるんですね。死んでしまえば、もうどうすることもできまいと思ったのに。

この表現力の強さ、正確さ。そしてかなしさ。新鮮な、驚くべきイマジネーションである。超現実的な近代詩を見るようだ。といってこの純粋なロマンティスムは作られた形式ではない。人間の情熱、生命のはりに直結している。それがさらに感動的だ。また万葉集などの表現力に対比しても、はるかに激しく、豊かではないだろうか。

もちろん、これらはあくまでも歌われる歌謡であって、文字ではない。しかしわれわれ文字によって観賞する習慣を身につけたものには、文字をとおして、いわば形骸にすぎないものにふれただけでも、十分に無邪気ですきとおった美しさを感じとることができる。美しい数々の詩は、いまはわずかに年とった爺さん婆さんの、もう歯のないような口に呪文のように残っているだけだ。いくらかずつ採集・記録されているが、まだ文字になっていないものが無数にあるといわれる。

ちょっと断わっておく。人頭税時代の八重山の歌の悲しい面ばかりを浮びあがらせたが、しかしここには、まったく無邪気にナンセンスな歌も多い。自然にとけこんだ、というよりもむしろ自然そのもののような。星や植物や、猫の子や、海辺の蟹、さまざまのものを歌ったのびやかに明るい詩がある。

文字のない文学——だから観念的な装飾は生まれてこない。まただからこそ音感、リズムが洗練され、高度に音楽的になるのだろうか。

驚いたのは、琉球の詩の多くが整然と韻をふんでいることだ。日本の詩には、五・七・五の音節、そのリズムはあるが、韻はない。同語系統の日本語にない技術がここの文学にはある。これをどう解釈したものだろう。

＊

八重山の文学は音楽と離れがたく結びついている。生活と文学——歌の内容と、その抑揚、音のリズムは一体なのだ。

だからそれは、やはり歌われなければならない。歌われたとたんに、本来の感動が、直接、異様な鋭さで訴えてくるのだ。その鋭さはまた、それがほんとうに歌われる場所において歌われてこそ、音楽というカテゴリー、観賞というモメントを乗りこえて、絶対化するであろう。

八重山の一室で、さまざまの民謡を歌ってもらったとき、私は全身に創造に似た緊張をしいながら、そう感じとった。それは肉体の酷使に近い快感だった。

歌ってくれたのは石垣島の民謡の師匠、大浜津呂さんである。昼は農業をやっているそうで、その日も二里ほど離れた畠に出ていたのを、わざわざ帰って来てくれたのだという。三線《さんしん》をかまえて、眼を半ばとじると、浅黒い謹厳な顔は古典的な匂いをただよわせる。渋くとおる声。

聴きいっているうちに私は、やがて耳にしている曲が、ふしぎに、二重にずれて響いてくるのに気がついた。多くの人がそうであるように、はじめ私もあのエキゾチックな蛇皮線の、情熱をかきたてる伴奏にひかれ、それが民謡の哀調と情感を支えているように思っていたのだが。

歌う声はそれだけで純粋に流れている。執拗にまつわって、繰り返される三線の音《ね》。まったく、まつわりついているという感じ、媚びているようでさえある。歌と三線とは質的に違うのだ。私はようやく、やりきれなくなってきた。

曲のきれ目に、私は三線ぬきで歌ってもらえないか、三線なしの歌があるのではないか、と聞いてみた。たとえばユングトゥとかユンタというような。

大浜さんはいささか意外だという顔をした。そして私のいう意味をのみこみながらも、奇妙に渋って、今日は風邪をひいて咽喉の調子がわるいから、などといってなかなかこちらの注文に応じてくれない。華麗な三線の手の方を利かせたがる。

だがようやく私の熱意にひき込まれて、それでもいささかためらいがちに、声を整え、居ずまいを正して語りだした。しかしすぐやめて、これはほんとうは男女のかけあいでやるものだから、明夜あらためて来ておきかせする、とその日は美しい節歌《ふしうた》だけを歌ってくれた。翌日、約束どおり、中年の女性二人、男二人をともなって来て、互いに向いあい、長時間にわたって本格的に、ユンタやジラバなどの無伴奏の歌謡、さらにいわゆる音楽的な節まわしのない、短い口上のようなユングトゥや、農耕の掛け声のようなものまでを聞かせてくれた。

それは時には男声のモノローグであり、時には女性とのかけあいで歌われる。甲高い女の絶叫。異様に緩漫なリズムで、切々と流れてゆく。それをうける男の方は、渋く、この上すがれることはないだろうと思われる、ほとんど呻き声になってしまう寸前のような、さびきった音声だ。

男が謡えば、女がはやす。女声がうたうときは、男がうけて、はやし言葉をいれる。激しい唱和である。日本の民謡にこういう立体感は見られない。

ぎりぎりに哀愁をぬりこめた、歎き、訴え。それは叫びの極限まで、いのちを振りしぼったという感じだ。役人に追われて逃げる若い女が、悲しみのあまり石になってしまったという伝説を聞いたが、歌い手がもうちょっと叫び、歎いたら、そのままほんとうに石になってしまうのではないか、とふと戦慄するほど、迫ってくるのだった。

だがそれは、にもかかわらず全体にのびやかな諧調を失っていないから驚くのだ。悲哀を絶叫しながら、ゆるやかに流れる。それが本当の音楽なのじゃないか。

人間の声はすばらしい。歌というと、われわれはあまりにも、作られ、みがきあげられた美声になれてしまっている。美声ではない。叫びであり、祈りであり、うめきである。どうしても言わなければならないから言う。叫ばずにはいられない、でなければ生きていかれないから。それが言葉になり、歌になる。ちょうど生きるために動かさなければならない身体の運動と同じように。ぎりぎりの声なのだ。

だからそれは、本質的には一回限りである。繰り返されることはない。そこにはその人間の生命の全容、そしてその民族の生き方、歴史、生活、運命の全部がそのとき一回限りの状況の中に、よろこびと悲しみのたかまる瞬間に浮びあがる。一回だけの表情として、そのかぎりにうち出され、しぼり出されるのだ。

ところが三線の伴奏の、あの装飾性は何だろう。それは快楽《けらく》であり、媚びであり、官能主義ではないか。したがって運命的に、装飾的繰りかえしになっている。これは沖縄音楽にかぎらず、多くの伴奏楽器について言えることだ。楽器がメロディーを歌ったり、人間の声をなぞり、からみあうようになると、その派手な彩り、装飾性によって、相互は堕落してしまう。

その繰りかえし囃したてる音は機械的に同質。それが楽器の合理性、使命であり、そういうように作られている。厳密にいえば、同じ絃、同じバチでも、名人と素人の響きは違うというかもしれない。だが同じ音を出す訓練が前提であり、それを身につけるのが芸なのだ。そしてそれは生活と無関係に習得できる職人技なのである。

何よりもまずいのは、人間の声が逆に楽器によって規制されてくることだ。楽器に合わせて安易に繰りかえす。三味線音楽の工《くん》・工《くん》・四《し》にしても、またドレミファの十二音階にしても、譜面に書かれて、歌がオタマジャクシを追いかけて行くようになると、叫びの本質、生命の感動は浮いて、甘くならされてしまう。装飾的メロディーになってしまうのだ。

それは生活のリズムではなくて、むしろ生活の充実を放棄するアイノテである。そのアイノテは人間の裸の声がほんとうに訴えている切実な響き、色にもならない、形にもならない叫びのすばらしさ、直接性を、チャンチャカ、チャン、チャンチャンとごま化してしまうのだ。

私は打楽器は伴奏として本質的だと思う。それは人間の声帯とまったく対照的だからだろう。反対物は互いに侵すことなく、かえって引きしめあい、強調しあうからだ。

その点「能楽」は問題をつかんでいる。あの峻厳さ、純粋さ、劇的な高調子は、人間の叫びと、切り込むように激しく打ち込まれる鼓との残酷なまでのぶつかりあいによって盛りあげられるのだ。そこにもう一つ、笛という、メタフィジックな第三者が加わるが。

人間の声のたとえようもない微妙な展開は、生活自体と同じように自在であり、乱れたものだ。乱れていながら、ハーモニーがある。それは生存のリズムだ。春夏秋冬という四つの周期があって、整然と運行していても、その中には暑いんだか寒いんだか、えたいの解らない日もあり、台風がとっ拍子もないときに襲ってきたり、また来なかったり。予測できないその微妙なテンポに人間は実生活で対応し、対決しているわけだ。お行儀よく刈り込まれて、右へならえしたような音楽的テンポをアカデミックに信奉するなんて、馬鹿馬鹿しい。

ところでこのすばらしいユンタ、ユングトゥ、ジラバ、アヨウなどは、今は次第に滅びかけている。生きた文化財みたいなお爺さん、お婆さんだけがかすかに伝えているもの、またすでに絶えてしまったのも多い。現代の人、ことに唱歌教育や歌謡曲ですっかり音感のにぶってしまった若者たちにはひどくむつかしいし、第一そんな古臭いものは軽蔑して覚えたがらない。わずかに三線音楽として、節歌《ふしうた》にアレンジされたものだけが趣味的に残って行く傾向にある。

節歌は近世、二、三百年間の歴史をもつだけだが、古来のユンタやジラバを耳ざわりよく三線にのせ、あるいは時の好みに合わせた新曲を作った。ヒット・ソングである。沖縄本島にわたり、変形されて逆輸入されてくるものもある。伴奏も工夫されて複雑になり、いろいろの手がついて、技巧を誇るようになる。今は声よりも三線が達者にひけることがいい音楽家の条件だ。したがって演奏者たちも、三線なし、声だけで歌うとなると、特別の心構えと一種の抵抗を感じるらしい。

ここまで言えば、もう日本の民謡、芸者のお座敷芸、三味線音楽になり下った近世以来の運命について、あらためて言う必要はないだろう。

話を大分音楽論にしぼってしまったが、八重山の歌はさらに積極的な面をもっている。その多くが労働の歌、作業唄として生き、伝えられてきたのである。

人頭税の重いノルマ、その達成にこぎつけるには、一人一人ばらばらではとてもできない。そこで徹底的に共同作業が行われた。それをユイ、イーマールという。田植え、草とり、刈入れ、米つき。足りない人手で大きい労働をしなければならない。そのときに、みんなが歌った。

ありったけの人数を田圃にずらりと並べ、指揮者が真ん中で音頭をとる。それを「イゾウ（気あい）」といって、その音声は厳粛を極めた。明治末年頃までは実際にそうやって仕事していたそうだ。

「こういう調子です」と大浜さんたちが聞かしてくれる。

「ヒェーッ、ヒェッ、ヒェッ。」

何ともたとえようのない、怪鳥の鳴き声のような、その突拍子もない声に私はびっくりした。はじめ、ひどくゆっくりしたテンポで、働き手の調子を揃え、だんだん急調子に早まって行く。

その指揮者の声に、めいめいが勝手に「ヤッ」「ホ」「ヒェッ」と掛け声をかける。その切迫感。荘重にひびく、不思議なセンセーションを与える音楽だ。イゾウがはじまれば列から離れることは許されない。少しでも遅れると、指揮者にいやというほどひっぱたかれる。昔は庶民の女は越中褌のような黒い下帯をしめていた。それがずり落ちても、前にはさむひまさえない。褌を後にひきずりながら、夢中で進んで行ったということだ。

こういう形で掛け声をかけると、黙ってただ働くより確実に二、三割ははかどるという。これはだから芸術とか音楽なんてものじゃない。美学ではないのだ。生産のリズムであって、それに乗らなければ仕事は進まない。

労働の歌の中に、さまざまの悲しい言い伝え、物語が織りこまれた。八重山では百姓はあんまり辛くって悲しくって、その泣き声が歌になったといわれているが、詩の中の女や男の悲歎に、自分の運命を重ねあわせて泣きながら、彼らは重すぎる仕事に耐えつづけたのだろう。

だがそれはまた生きるハリでもある。ただ悲しいだけだったら、ふたたびは歌われまい。絶望的な哀調を繰りかえし繰りかえし、何百千度も歌って、あきないとすれば、ネガティヴな表現をとっていても、それはまた逆に生きることの確かめであり、そのアカシ、生甲斐だったといっていいのではないか。

これらの音がなまなましい響きとして私のうちに共振すると、はじめて、この土地に「物」として抵抗してくる文化がないということ、その当然さが明らかなスジとして納得できたのである。

それはすでにいったが、文化の欠乏でも、精神の貧困でもない。

この貧困と強制労働の天地に、文化とか芸術が余剰なもの、作品として結晶し、物化するということはできるはずがない。そんな時間、エネルギー、富の余裕はなかった。日夜、ドロのようになって畠を耕し、布を織りつづけながら、同時に描き、彫りつけるなんてことは不可能だ。マチエールの抵抗をのりこえて表現する美術とか、「文化生活」なんて思いもよらない。ゆとりはみじんもなかった。それはかつての生活を、いささかホウフッさせる今日の開拓集落の暮らしを直視してもうなずけることである。

だが歌、踊りは別だ。それは今も言ったように生活そのものであり、それなしには生産し、生きることができなかったのだ。ここでは、そのように物ではなく、無形な形でしか表現されなかった。

また制度によって、生活のすべての余剰、瓦屋根も、よい衣裳も、文字さえも禁じられていたのに、歌と踊りだけは許された。ということは実は何も与えられていなかったと同じことだ。それは端的に八重山の悲劇を象徴している。

しかし何もなく、音声だけが響き、また消えて行く世界のすばらしさというものがある。私は思う。「作られたもの」のいやったらしさ。人類は過去にいかに多くの無効になったものを、不潔な遺産として残して行ったか。もの自体ならよい。それ自体すでに完結しているものを、さらに作る卑しさ。まして物が物になりきらず、空しい妄執、その観念的表現であるにすぎないとき、みじめさはいっそうである。その残骸の窒息するような堆積の中から取捨して、ようやく過去をジャスティファイする。ケチなことだ。私はもののいのちは作られた瞬間にうち壊されるべきであると思う。でなければるいるいとした不潔な排泄物は人間を虚偽におとしいれ、鈍くし、堕落させる。

ところで人頭税のことだが、歴史家もこの島の文化人も、誰でもその悲劇を強調する。たしかにそのとおりなのだが、それ以外に証明する何ものもないかのような、熱のいれ方だ。まるでこの島の特権、権利みたい。それ以上に話がのびて行かない。この島にはたまたま「人頭税」という名のシステムがあったから、特別にドラマティックで、イカセル。事実そうだったのは解るが、しかしそういう過去をふりかえって、現在の自分は何も背負わないで、可哀そうだなんてぬけぬけ同情したり、逆に財産みたいに振りまわすのは、卑しい。私はある席で、話しあっているうちに、何となく腹立たしくなってきた。そこで無遠慮にぶつけた。

「皆さん、人頭税、人頭税と、まるでとっておきの文化財みたいにおっしゃるが、そんなのこの島の専売特許みたいにされたんじゃ、かなわない。」

まともに生きている人間は誰だって、何らかの形で人頭税をしょっている。人間の生きるってのはそういうことだ。私だってわざわざこんな八重山くんだりまでやって来て、島じゅう歩きまわったり、夜遅くまでこうやって一生けんめい話しあっているんだって、別に頼まれたわけじゃない、ご苦労な話だが、運命としての人頭税みたいなものだ。そういう重みに耐え、生甲斐を歌いきっている人間がいるのだ。——と、つい尻をまくってしまった。島の人たちはやや呆気にとられているようだったが、やがて真顔になってうなずいていた。

じっさい、明治末期に悪法が廃止され、八重山が解放されてから、ではいったいここの人たちは何を生み出したというのだろう。今日なおすべて美しいものは、過ぎた時代の思い出である。自由になってからはかえって悲惨な過去に生命の幻影をかずけているだけのように見える。あの悲歌だって、かつては生命のハリを支えたのに、いまはそれがただ回想として、マイナスの向きにしか働いていない。皮肉ではないか。

踊る島

読谷《よみたん》という、沖縄中部の集落で、闘牛があるというので、見に行った。村はずれの小高い場所、赤土の山を掘ってひらいた素朴な闘牛場だ。スリ鉢型の斜面に、花がひらいたように民衆が群れていた。中央の直径三十メートルほどの円型の広場に、真黒い、小山のような牛が二頭押しあって、ちょうど試合は最高潮。大関・横綱格の取り組みであった。

　これはお百姓たちがとり入れの終ったよろこびに、耕牛を闘わせるのだ。かなり古くから行われている年中行事のようだ。こういう闘牛は隠岐にも四国にも見られる。

集まって来ている見物人の手放しの表情は魅力的だった。若者、子供、親父連、赤ん坊をおぶった婆さん、――わめいたり、興奮したり、放心していたり。沖縄人の素っ裸だが、常日頃はやや控え目な肌あいが、ここではあけっぴろげで、なまなましい。

　黒々とぶつかりあっている牛の双方に、手綱を持った介添がついて、足をふんばり、身をのり出し、前後をとびまわる。その動作はちょっと相撲の行司に似ている。闘いの気あいがゆるむと、夢中で掛け声をかけ、地団駄をふんで、けしかける。

巨大な黒牛は前のめりに肩を下げ、ガッキと角をからみあわせて押しあう。押しまくられて、リンクのふちの赤土の斜面までずるずるっと後退し、極まったかと思うと、とたんにもり返して猛然と突きあう。身をのり出し、かたずをのんでいた観客はそんなとき、どよめきたって一せいに掛け声をかける。動物の緊張感、人間のそれとは一体だ。

勝負はなかなか決まらない。闘う動物のけわしい息づかい。巨大な腹が横綱の四ツ相撲のように大きく波うつ。さすが凄い迫力だ。激しさに、目は血走っているが、にもかかわらず、その表情はふと淋しく、哀れっぽい。それが闘争に充実した動物の、本来の眼ざしなのだろうか。

大ていの試合が三、四十分、時には二時間もかかることがあるそうだ。けしかけ役の人間の方はとても続かない。途中で何べんも選手交替して、かわりあって手綱をもつ。

突きあいのうちに脇腹がひき裂かれた。白い脂身の間に、うす桃色の肉がのぞく。なまめかしい色だ。やがてそこが赤くにじんでくる――。

決闘はしかし、それからもながながと続く。やがて近くに坐っているおじさんが「こちらのはもう駄目ですよ」と教えてくれた。私には相変らず、互いに一歩もゆずらない押しあいとしか見えないのだが。

「舌を出しているでしょう。ああなったら、もう負けです。」

なるほど、しばらくすると、突然、一匹がふっと身を引いて、顔をそむけてしまった。それで終りなのだ。決定的瞬間は意外にあっけなかった。

勝った牛は高々と角をふりあげ、ながくひいた鳴声が得意げだ。赤、水色、黄、桃、色とりどりの布片が投げられる。ひいきの人たちの引出物だ。それを角に結んだり、つないで腹に巻きつけたり。そして歓声にこたえながらゆっくり場内を一巡する。負けた方は気のせいか、恥かしそうに去って行く。その姿は可愛らしい。闘牛というと殺ばつのようだが、確かに力はこもっていても、これはひどくのどかで楽しいものだった。

歓声のど真中に、女が飛び出して来た。粗末な木綿のスカートにひっつめ髪、飼主らしい中年のおばさんだ。笑みあふれた顔、ひょこひょこと手を振りあげ、足を踏む。アッと思うような見事な踊りである。

踊っている、というよりは身体全体で喜んでいる。喜んでいるというよりは、やはり踊っているのだ。誇らかに、ほとんど挑むような姿で、牛に正対して迫っては、つと離れ、軽やかに廻る。

それは私が沖縄で見たすべての踊りの中で、最も純粋で、直接的なエキスプレッションだった。

もちろん、少しも儀式的なものではない。本当に嬉しくてたまらない、みんなと喜びあう気持が自然とあふれ出てくる表現。ひどく率直な肉体のリズムであるということはすぐわかった。

だが、このような踊りの感動は、言いかえれば、生きるアカシの儀式かもしれない。人は生きるために、如何に耐えなければならないか。だからこそ、生きるよろこびが証しだてられなければならない。そのとき生活と踊りはまさに一体であり、ほとんど生きることの儀式といってよい様相をおびるではないか。芸術の本質がまたそこに暗示されているだろう。

われわれの日常生活に、いったいこんな率直で、ほほえましいジェスチュアーがあるだろうか。嬉しいときは誰だってコオドリするというが、せいぜい手を叩いてとびあがるくらい。ひどく素朴だ。表現が貧しい。それに何かエゴイスティックに、自分だけという感じがしないではない。だがここではそれが、自然に優美なスタイルとなって空間に流れ、踊り出る。「自分だけ」ではない。豊かに環境全体を彩り、とけ込むのだ。私は踊りというものがこのように生きているものであることを知って、驚歎した。

もちろん世界には自然の感動をそのまま身体全体に表現する民族と、顔だけ、また眼だけで表情する民族がある。だが私は裸のままでよろこび、悲しむ人々の無邪気さと率直さの方に、生きるたのしさを感じる。ヨーロッパでの体験でも、イギリス人などに見られるような、折目をつけた慎重な姿は立派だが、それよりも南欧、イタリア人などの、明るくジェスチュアーの大きい、あけっぴろげの人のよさに、そのあらゆる欠点をひっくるめて親近感をおぼえた。

犬が嬉しいとき尻尾をふってくるくる廻り、猿が枝から枝へ、生命の躍動のまま自在のアクロバシーでとび廻るように、世界のリズムと同調しながらあふれ出る、そんな表現を、どうして抑えなければならないのか。かつてはすべての人間にそのような自由があったに違いない。いったいなぜ、いつ、こだわりのない純粋な生活表現を失ったのだろう。

社会のルール、風習、モラルなんて、こうるさいもんだ。その正しい、また正しくない、さまざまの理由、圧力が人を抑制している。だが忘れられた自由感、肉体と精神の渾然と溶けあう初源的感動は、肉体の底に深く生き、うずいている。それは奪回されなければならない。このような矛盾にこそ舞踊芸術の理由があるのではないか。

歓喜が全身をつき動かす。人は踊る。よろこびの極みが踊りであり、そのエネルギーの放出はまた強烈な歓喜である。

心身が解き放たれ、自分自身を世界に向って惜しみなく投げ出す。それは自己拡大であると同時に、自己喪失といってもよい。際限なしにあふれ出る。そのとき人は世界を所有し、宇宙と同化する。躍りあがり、全身を空に投げ、くるくる廻る。世界は同心円を描き、すみずみまで輝いてこちらを包む。

私は歓喜は踊りの動機の最も直接な衝動だと思う。かつて、クルト・ザックスの報告を読んだことがある。残念ながら戦災で原書を焼いて、いま正確に思い出すことができないが、多分マダガスカル島ではなかったか。いけにえになる若い女が岩壁から身を投げる。彼女はその運命の場所で、鮮やかに踊りながら死んで行くのである。私はその凄み、美しさに、ゾッとした。そのような死こそ、そのような生こそ……。

そして考えた。もちろん死の恐怖、悲しみはあるだろう。しかしそれよりも死に直面した生命の歓喜、躍動が踊りになるのだと。生が激しく、純粋に死に正対するとき、極限まで緊張する。瞬間、ふるいたち、恐怖をのりこえ、生命本来が満ちかがやく。世界の密度は突然、透明に、軽くなり、手足は狂喜し、踊りだすのではないだろうか。

もちろん、すべての踊りがこのように凄まじくはありえない。しかし私は舞踊の初源的な感動について考えるとき、いつでもこの激しい、純粋なイメージが浮んでくる。

一口に舞踊というけれど、あらゆる時代、あらゆる場所に踊りがあり、それぞれに意味と動機がある。本能的・原始的なものと、高度に形式化され、洗練されたもの。宗教・呪術その他の儀式に関係あるもの、無いもの。模倣的だったり、抽象的だったり。また単に造型的なもの。ドラマティックなもの。体操のような肉体の運動、戦闘の挑発のような踊りもあるし、純粋にムードを楽しむ場合もあろう。その動機・理由は踊りの数だけあるといってもいい。

だから衝動的な表現だけが、舞踊じゃないことはもちろんだし、またあの闘牛場のシーンで、沖縄舞踊の全体の本質をつかんだというわけにはいかない。ただあのような自然に身にそなわった生地の上に踊りの島・沖縄があり、また逆にいえば、こまやかに彩られた踊りの伝統のもとにこそ、自発的、スポンタネイティーのある躍動が突如発現する——ということは無視できない。そのような民族が、踊ったり、見たり、見られたりする舞踊。私はこれからそういう踊りについて語るのだということを、知ってもらいたいのだ。

*

ここは踊りの国。四季を通じての、数々の祭りの芸能はもちろん、結婚、誕生、還暦や古稀の祝、新築、旅だちのときなど、あらゆる機会に踊りがある。舟出には海辺で、また旅している者の留守宅では、親族たちが集まり、その人をしのぶ歌をうたいながら、輪になって踊る。こういうときは畳をあげてしまうというほどの徹底ぶりだ。「野遊《もうあしび》」という古くからの風習もある。大勢つれだって三線や太鼓を持って野に出たり、浜辺に出て、円陣をつくって激しくうたい踊る。とりわけ月のよい夜などは、夜ふけまで、男女いりまじって歓楽した。ちょうど古代の歌垣そのままの、素朴なロマンティスムである。この自由な風俗に対して為政者は、お目附役を置いて抑えようとしたり、しばしば禁止令を出したが、ごく近年までさかんだった。今でも行われている「三月遊び」はその名残りだという。

こんな風に踊りや歌が日常に浸み込んでいるから、別に正式に習わなくても、誰でも自然に踊りにとけこむことができるのだ。私の沖縄の友人達も、酒席で気分がもり上ると、踊りだす。自己流だが、それぞれ独自の味わいがあって、ひどく楽しい。

ところで琉球舞踊として一般に評価されているのは、そのように生活自体から直接あふれて出てきたものではない。むしろ貴族的で、古典的な、洗練を極めた技術である。

私が沖縄に強くひかれた、そもそものはじまりは、そういうクラシックを見てからだった。終戦後間もない頃、偶然の機会に、その時分はまだひどく珍しかった沖縄料亭に案内された。そこで見た踊りに、すっかりイカレてしまったのだ。空間的で、自由で、優美、それは異様なリズムだった。しかしはじめてふれる私の心にも無条件に喰い入ってくる。私はそれまで沖縄についてはほとんど何も知らなかったが、これは大へんなところだ、こんなすばらしい芸術を生みだした環境、生活を、どうしてもジカに自分の眼でたしかめたいと思った。それから久しい間、政治的な問題以外には、「沖縄」は私にとって踊りの代名詞のようなものであった。

白状するが、今度の旅行で、沖縄のなまなましい現実にふれ、その文化の深刻な運命をたしかめようという気構えと同時に、本場の泡もりを大いに味わい、心とろかすあの踊りを存分にタンノウしたいという、ひどく甘い期待でぞくぞくしていたことも確かだ。一方の緊張感に対して、無条件な楽しみのアヴァン・グー（前味）である。

沖縄の友人達も当然心得ていて、いや本当をいえば、むしろその方を私に満喫させようと待ちかまえていた。従って第一夜から、ふんだんに琉球舞踊と泡もりの歓迎ぜめにあった。一日じゅうあちこち飛び歩いて、さすが疲れる。宴席のさ中、私が御免こうむってひっくりかえってしまう。ふと耳もとで、のんびりと話しあってるのが聞える。「こんなに疲れるほど、仕事しようなんて思わないで、せっかく来たんだから、ゆっくり遊んで行けばいいのにねえ。面白かったら、また来ればいいんだから」と、淡々とした調子。いかにも沖縄人らしい。私はひどく嬉しくなってしまうのである。

そんなわけで、観察どころじゃない、この方に関してはすっかりいい気分。身も魂も酔いしれてしまった。もっとも、溺れなきゃつかめないもんだ、って理窟も成りたつだろう。

前にもいったが、戦火で荒らされた那覇市の急ごしらえの家屋、その雰囲気はひどく殺風景だ。それに沖縄の建物には壁がない。外も内部もすべて板ばり、それも生地のままだ。一流の料亭でも材質が吟味してあるわけではないし、内地のお茶屋の凝り方、行き届いた好みになれている眼には、いささかお粗末、バラックのように寒々として見える。

だが座敷で一たんお囃子が鳴りだすと、雰囲気がガラッと一変する。単一に繰りかえすエキゾチックなリズムが既に踊りへの期待、スリルをかきたてる。やがて甲高い歌声。哀愁をこめているが暗くはない。なまなましく官能的だ。その切なさには、すべてを手放しで受け入れてしまいたくなる、しびれるような情感がある。

踊り手が舞い出る。

華麗な古典舞踊の衣裳。女踊りは緋の下着、緋の襟をつけた極彩色の紅型《びんがた》のうちかけ、紫の長いしごきを前にたらしている。——内地にながい沖縄女性が、あんまり派手すぎる、なんて言ったが。それは東京あたりの渋好みになれた感覚だろう。紅型でも内地ではすこし色がさめ、くすんだ、古いものの方が珍重されるという。

だが私にはこの手放しの色あいは楽しい。

おおぎょうで華やかなコスチューム、躍動的な伴奏なのに、踊り手の動きは驚くほど静かだ。身体はまっすぐに前を向き、すり足で斜め前に進む。目は一点を見つめたまま、顔は冷たいまで表情がない。凄い気品、格調である。

ふと歩みをとめる。踊りの手に入る前のきっかけ。小首が思いなし傾いて、眼が、つと左上を凝視する。あとは美しいマスクのような顔はふたたび動かない。だがからだ全体は柔らかく、鋭く、空気を切って流れる。瞬間瞬間に、ハッとするほどの色っぽさが浮び出る。

情感がもり上り、せまる。そのみちひきのリズムの浮動の中に、私はとけ込んでしまう。目で見ている、観賞している、なんて意識はもうない。一体なのだ。しかし、にもかかわらず、踊り手はまるでこちらを意識していないかのようである。見る者ばかりではない。世界に、身体が踊ってるということの外には何もないという感じなのだ。

日本舞踊のしなとか、バレエに見られる問いかけのような身ぶり、観客への訴えみたいなものがまったくない。悲しんで見せたり、喜んでみせたり、押しつけがましい表情、そういう卑賤な説明的手段はない。この絶対感こそ舞踊の本質である。ここには充実した感動だけがうごいている。それがたまたま見るものに歓びとして現われ、悲しみとして打ってくるだけだ。

その点、能の感動に近いともいえる。だがあの重さはない。そのなまめかしさは開ききって、能のような殺した色気ではない。

琉球女性特有の張りの強い、大きな眼。見ひらかれたまま目ばたき一つせず、きっと凝視して動かない。激しいが、不思議にどこも見ていない。もし見入っているとすれば、それは心の中なのだろうか。

逢わぬ夜のつらさ
よそに思いなちやめ
怨みても忍ぶ
恋の習や　（伊野波節）

激しく恋の怨みだけを見つめている、神秘的で超現実的な美しさ。そこに女そのもの、女性の魂そのものがむきだしに、あらわにされた驚きを感じる。もと琉球王室では士族から選ばれた若い美貌の男性が踊ったものだが、それは凄艶だったにちがいない。

やがて出て来たときのテンポで、静かに退いて行く。消えて行く後姿に、緊張は逆にもりあがる。ゆるやかにふくらんだ紅型のうちかけ、その背の微妙なしなやかさ。鉢巻の紫の布が長くたれて、幅のある華やかさは前向きに劣らない。

日本の衣裳はうしろを意識して結んだ帯が、かえってちんまりと、いささか逃げたようなポーズだ。そこへ行くと琉装は素直で堂々としている。

私はいつでも見終ったのちに呆然としてしまうのだ。

あの迫力、情感、そして空間性。

たえず鮮やかに空間を切りひらき、なめらかに変転する。たとえ深い沈黙に静止するように見えても、微妙な屈折で流れている。意識にふれるような、ふれないような。妖しく美しい持続。

驚くべき技術だ。私は写真をとろうとしてそれに気がついた。ここだ、と思ってシャッターを押そうとする。一瞬、対象はすでにまったく異った次元の美しさに変貌してしまっているのだ。惜しげもなく。動きはデリケートで静かなのだが、瞬間瞬間に逃れて行ってしまう。

どうも仕様がないので、踊りが終ってから注文して、もう一度あの手を、とやってもらう。するとどうしても表情が死んでしまうのだ。なにも固くなるからというのではない。この美しい流れの中には、固定したポーズは実はなかったのだ。私はちょうど日本舞踊やバレエのような、キマル瞬間を捉えようと空しく追っかけていた。そんなポイントがあると思ったのが大間違い。たえず流動するからこそ生きる、これは空間そのものの発現である。だから写真で琉球舞踊の感動を伝えることは、おそらく不可能だろう。

キマルことがない。だからこそ鮮やかに、リズミックで、空間的なのだ。日本舞踊など、のべつキマッてばかりいる。いつでも正面に向っての装飾的効果だ。動きで空間を構成するというよりも、紙芝居のように、絵画的イメージを連続させて行くという感じ。いくらきれいでも飾り人形のつまらなさ、平板さだ。動的な美しさがないと同時に、逆に「静」の凄みもうしなっている。

俗に「イタにつく」というが、なるほど見ていると重心がペタッと舞台におち、板にはりついておさまっている。さす手ひく手はひどく巧者だが、浮遊し、躍動する空間のよろこびがない。日本舞踊には足の運動、跳躍が少いからだ、とよくいう人があるが、馬鹿馬鹿しい。そんな形式的説明を真にうけて、バレエまがいに跳んだりはねたりする新作舞踊は、更に悲惨なヘッピリ腰で舞台に尻もちついてるじゃないか。沖縄の古典舞踊、ことに女踊りなど、跳びはねる動作はない。にもかかわらず動的な空間性をうち出している。お能はもちろん、地唄舞など見ても同じことが言えるだろう。まことに皮肉だが、かえって日本舞踊などヘタに動きすぎるのだ。

　手先や首の小細工、目つきの使い分けで、しょっちゅう思い入れをやったり、しなをつくって訴える。媚態ばっかり。まったく、いやったらしい。がっかりするのだが、これはこの舞踊が花柳界という限定された世界で発達したゆがみであるにちがいない。だから新しい時代に適応し得ないのだ。花柳界は疑似恋愛の世界だ。お互いになれあい、だましあい、もたれかかって成り立つ。そういう卑屈なサービス、タイコモチ芸術としての特殊で、デカダンなあり方が本来の舞踊性を殺してしまったと見るべきだ。舞の古典的伝統を失い、また踊りのなまな生活的表情をも失った。消費的、装飾的な面だけが必要以上に洗練され、崩れれば崩れるほど味となり、特殊な世界にしか通じなくなっている。

　舞台芸術である歌舞伎だって、どんなにこのお座敷芸の影響を濃く受けているか。たとえ広い舞台の上でも、踊りそのものは、技術的にはお座敷的枠の中で固まっている。あまりにも細かい手・足さきの動き、目つきで表情を示す。首はしょっちゅうヘナヘナ。袂や裾がやたらにピラピラ。目まぐるしい。

しな、思い入れの連続。まさにお座敷スケールである。「さす手ひく手」というが、さす手は伸びきるということがない。すぐ引く手で押える。無限に流れることはないのだ。身体全体の動きにも、いつでも目に見えない狭い枠を意識させられる。舞台はベラボーにひろいのに、踊り手のうしろには、天井、カモイ、フスマがつきまとっているようだ。すぐ引きもどしてキマル。求心的というのだろうか。しかし遠心力との緊張を感じさせる、積極的な動きではない。何か適当に、重箱の中におさめてしまったというせせこましさ。

目の配り方もそうだ。ある時面白い発見をした。もうかなり以前の話だ。鶴見和子さんが「思想の科学」の仲間たちをよんで、彼女の踊りを見せてくれたことがある。和子さんはアメリカ的教養豊かな進歩的女性なのだが、日本舞踊も名取りで、見事な踊りぶりだった。美人だし、型にかなっているし、なかなかイカセル。しかし何か気分が普通の日本舞踊とちがう。どういうわけだろう、と気になる。じっと観察していた。すると、わかった。それは眼つきのせいなのだ。

踊りが終って、みなで感想を話しあったとき私はいった。

「和子さんの踊りはキリスト教的形而上学だね。」

あまりトッピなので、居ならぶ学者たち、さすがびっくりした。

——日本舞踊は大てい、一間ぐらい先の空間に視線がとまっている。せいぜい遠くを見ても、天井の隅ぐらいのところが焦点。そこまでしか世界がないようだ。ところが和子さんの眼は、永遠の彼方でも見つめているように、はるか遠くへはなたれている。

「クリスチャン的教養があるから、やっぱり天にいます神様を見てる気分が出ちゃうんだろう。」

みんな大笑い。

これは冗談だったが、目つきだけでも踊りの性格がちがってしまうことはたしかだ。大たい、西洋舞踊の眼は無限型だ。なにもキリスト教のせいばかりでもないだろうが。

沖縄舞踊では、すべて運動の方向は腰でつける。その前に膝と足が先行する。胴、肩、首、視線は腰に従って流動するのだ。手、足、首などが勝手に動くということはありえない。たとえわずかでも手が動くときは、かならず腰が受けている。いつでも腰を中心に、からだ全体の対応関係において、微妙なバランスをたもって流れて行く。そのとき全体の線が厳粛に生きる。

だから目にしても、たとえば流し目のように、それだけが動いて表情をつけるなんて、もってのほか。目ばたきしても崩れるというくらいだ。古典・女踊りの最高といわれる「諸屯《しゅどうん》」に、眼だけ動かして恋の怨みを表現する「三角眼ぢち（眼つき）」という技術がある。そのとき全身の緊張感は眼だけに集中して、それは眼つきというよりもすでに身体つきである。しかもこの手は古典舞踊を通じて、ここ一ヵ所だけなのだ。一回限りというところにその意味があり、生かされる。

一つの動きに直視した眼が追っていき、緊張し、引きしめる。眼は動きの芯のようなものである。と同時にそれは次の瞬間の、別の方向にひらめき出る予言のような神秘を秘めている。

沖縄舞踊が心にしみ入るやさしさ、なめらかさにかかわらず、不思議に激しく、鋭い、まっすぐに正対して、構え、迫ってくる、挑むような感じがあるのは、このからだの厳密な秩序、そのハリが一本の強烈な琴線のような響きを伝えるためだと思う。

このような潔癖性に対比して、日本舞踊の観念性、不純さ、あのはてしない饒舌はどうだろう。

身ぶりによる説明、所作の技巧が多すぎて、表現の直接性をうしない、踊り自体が特殊言語になってしまっている。だからある程度までこの道にふみ込んだクロウトでなければ理解できないし、気分を味わうこともできないのだ。

「踊りの振付」なんて、普通に使う言葉だが、「振」はしぐさであり、ほとんどが物真似だ。語りものに合せて、詞の意味をジェスチュアーで翻訳しようとする。ここには舞踊的必然性、その感動はない。語呂あわせ、ひどいのは謎々みたいなものに陥っている。

いつか花柳徳兵衛さんが、踊りながら振りの意味を分解して説明してくれたことがあったが、私は腹をかかえて笑ってしまった。ほんとの駄ジャレだ。

「関の扉」に〝生野暮《きやぼ》、薄鈍《うすどん》、情なしてなしのくせとして、悪じゃれいうたり、大通しうちもあるまいが〟という句がある。

これを機械的に一字一字に切ってしまって、「生野暮」は木と矢と棒をそれぞれ手真似で見せ、「薄」は臼、「鈍」で戸をドンドンと叩くまね、「情なし」は錠をかけるしぐさをして、無い無いと手を振る、といった具合。馬鹿馬鹿しさを通りこして、ユーモラスだ。ところがこれが「キヤボ振り」という名があるくらいの、名振付なんだそうだ。また「山帰り」の〝大山の石尊様、横にかすって神奈川の〟この「神奈川の」という文句のところで、何か眼にあててのぞくようなかっこうをする。それが「神奈川」――まるで謎々だ。てんで解るはずがない。ココロを解くと、当時、神奈川宿に遠眼鏡がそなえつけてあって評判だったので、遠眼鏡をのぞくかっこうをすれば神奈川というわけ。苦心の振だという。さらに有名な「越後獅子」の手なんかの話も聞いたが、すべてこの調子。

まったく舞踊性とは何の関係もない。観念の遊びだ。こんなのにいい気になっていたなんて、救いがたい頽廃だ。風俗や約束ごとを知らない者には、何の意味もない。伝達不可能である。

私は子供のころ、日本舞踊はニガテだった。芝居につれて行かれても、所作事になると退屈で我慢できない。逃げだしたものだ。近ごろではいろんなことを知って、多少ツウになったのか、あるいはジジイになったせいか、ふとなかなか悪くない、なんて思ったりする。どうもわれながら面白くない。

青二才、若僧にはピンとこないで、年をとると面白味が身にしみて解ってくるってのは、そこが日本芸能の深いところだなんて大ていの人がいうけれど、私はそうは思わない。ずぶのシロウトにも、子供にだってグンと訴えかけてくるようなものでなくちゃ仕様がない。その点、沖縄舞踊は勿論、ヨーロッパの踊りだって、印度、東南アジアの踊り、京劇——民族、その文化形態によって、表現はそれぞれまったく独自であり、一見特殊な表現のようだけれども、いかにも舞踊そのもの、その根源的なものから発している感じがある。だから約束ごとを全然知らなくても、見ていて面白い。身体がリズムにのって動きだすような、なまなものがある。そういう根のようなもの、無邪気で、単純な感動が芸術の魅力なのだ。

沖縄の踊りにベタ惚れして、日本舞踊にむごくあたりすぎたように思われるかもしれない。だが私はもっとひろく日本文化に通じる問題としてこれを言っているつもりである。そしてそれはこの沖縄文化論全体を通じての私のモチーフなのだ。

沖縄、日本と二つをぶつけあわせたが、考えようによると、同時に日本舞踊のそもそもの姿と、江戸後期以後の頽廃の相とを比較して問題を出しているのだといってもいい。というのは、この沖縄の宮廷舞踊、殊に端《は》踊《おど》りは技術的には日本の古い小歌踊りをかなりとり入れたと考えられている。慶長から元和、慶安ごろ、日本の民衆文化がたくましい明るさをもって押し出されていた新鮮な時代。伝説的な「出雲のお国」の、華やかな「かぶき踊り」の発生期だ。この時代には琉球からも踊り手が来て、しばしば興行が行われたという。お互いに交流し、影響しあい、新しい民衆芸術を作りあげて行ったとも考えられる。その後日本では鎖国と、幕府の禁令弾圧政策、特殊な条件によって、ひどくゆがめられてしまった。しかしそのはじめの純粋な姿が、かえってこの遠い波の果に、生きて伝えられている。

（もちろん、沖縄舞踊の下地には、古来の宗教的舞踊の伝統も、また交易していた中国、東南アジアの芸能も豊かに流れ入って、渾然とミックスされているし、スペイン、ポルトガルあたりのニュアンスさえ感じられることはたしかだが。）

かつての日本舞踊には、今日の沖縄舞踊に見られるような空間性、純粋性があったにちがいない。――生活の中から、民衆のよろこびとともに自然にもりあがった踊りが、わるいはずがない。よほどゆがめられない限りは。

その手ぶり身ぶりを確かめることはかなりむつかしい。しかし、地方に古く伝えられた民俗芸能の中にその面影を類推しても、また衣裳から考えても想像できる。元禄ごろまでは、ユキも袖丈もぐっと短く、帯も狭い紐のようなものだった。今日の踊り衣裳、その代表である女形の、大きな振袖、長く引いた裾、幅ひろい帯を胸高にしめる、ああいう風俗になったのは江戸中期以後のこと。

何貫目もあるという衣裳。分厚な板みたいな帯で、胴体をずんどうに巻きあげ、ばか長く重い振袖に手首まで押えられ、夜具みたいな裾をふりまわして動かなきゃならないとしたら、せいぜい指先か首のひねり、目つきなんかで表情を出すよりテがない。空間性はもちろん、肉体の全体性をも失って、末梢的動きに限定されて行く。だから江戸中期から後期にかけて、踊りそのものがグンと変ったにちがいない。今日の日本舞踊はまさに、肉体が踊ってるんじゃない、キモノが踊ってるといった方がよい。それは装飾的な型にすぎず、舞踊とはいえないだろう。

ところで、今まで私は沖縄の古典舞踊について話して来たが、琉球舞踊にはそのほかに「雑《ぞう》踊り」というのがある。明治時代、王室の庇護をはなれた舞踊家たちは一般大衆にアッピールするために、民俗舞踊的要素を大胆にとり入れて、数々の新しい踊りを作った。「谷茶前《たんちゃめえ》」「千鳥節《ちじゅやぶし》」「天川《あまかあ》」「むんじゅる」など、東京あたりでも親しまれているものの多くはそれだ。これは古典の貴族的で静的な、舞的な気配に対して、より躍動的な踊りで、そのテンポの早さ、明朗さはひどく近代的だ。ジャズ的といってもいい。

さてこのように芸術として洗練された舞踊のほかに、純粋に民衆の間で生活的に伝えられてきた芸能がある。その豊かさもまことに驚異である。

ちょうど運よく、滞在中に民俗芸能大会を見ることができた。戦後ずっと固有の芸能の復興、発展に力をいれてきた沖縄タイムス社の主催である。このような催しは戦前・戦後を通じて、はじめてのことだそうだ。今度は沖縄本島と、すぐそばの小島、伊江島のだけ。それも一部が選ばれて出演している訳だが、そのヴァリエーションに驚いた。しかもそれぞれが純粋に生きている。ひどく魅力的だ。見る踊りごとが発見だった。

こんな小さな島の中に、どうしてあんなに数多く、豊かに残っているのか。日本全体だって、これだけ集めようとしたら容易じゃないだろう。狭い沖縄のすみずみに、ぎっしり、こんなのがひそんでいるということ、それにまず呆れてしまった。

一つ一つの面白さをとうていここで報告する余裕はないが。——純粋の中国風俗で、ドラや太鼓を鳴らしながらおどけた行進をする「打花鼓《たーふぁーくー》」。若い男たちが何十人も、真赤なボサボサのかつらをかぶって腰みののようなものをつけ、奇声をあげてとびあがり、棒をふりまわしたりする、南洋土人の祭りを思わせる「南島踊《ふぇーぬしま》」。明らかに念仏踊りの伝統である、優美な「京太郎《ちょんだらー》」。ひどく古様の獅子舞もある。

沖縄でありながら、まったく沖縄的ではない。みんな枠からはずれている。

見ていると、自分が世界のどの場所に置かれているのか解らなくなる。異様な気分だ。

そして世界の踊り、その喜びがみんなここに入りこんで来ているんじゃないか、なんて極端に考えてしまったりするのである。

もちろん、これらは古典舞踊の技術とは何のつながりもない。そしてまたそれぞれは、互いにまったく異質である。どうしてこの異質が、狭い島の中で混ったり、中和されたりしないで、純粋に伝えられてきたのか、これも不思議だ。

しかも、全部見事な舞踊になっている。のびのびと自由にやっているが、洗練されている。民衆自体によほど踊りに対する鋭い姿勢がなければ、とうていこの純粋さと新鮮さをながいあいだ保ってくることはできなかったろう。凄みである。

さらに八重山で見た、「鼓踊り《つづんぶどぅり》」は強烈な印象だった。

これは沖縄列島最南端の、波照間《はてるま》島の、素朴であり、それ故神聖さをおびた農耕儀礼だ。本当は御嶽で行われる豊年祭りの神事だが、石垣市の郷土史家、宮良賢貞さんを中心とする保存会の人達が特別にやってくれた。

小さい太鼓を中心に、四人の乙女が踊る。白い、長いひだスカート。黒いチュニック。目にしみる赤い紐を長くたらした、百姓の娘の正装だ。銭棒《じんぼー》という、竹棒の中に銭を入れて音を出すようにした、一種のササラを打ちながら、ゆるやかに太鼓をめぐるのだが、それがまるで季節のめぐりそのものであるかのように、あでやかで、優美で、厳粛だ。

司（巫女《みこ》）を中心にして女たちが踊る「まき踊り」、くろつぐの茎で作った、ちょん髷のようなかつらに竹のかんざし、それをふりたてて踊るコミックな「たいらく」など数限りない。

宮古、八重山、そしてその離島には、古い信仰に根ざした多くの民俗芸能が伝わっている。だが最近、継承する人が少くなり、あるいは形式も服装も乱れてきて、あと十年もしたらほとんどの行事が絶えてしまうのではないかと心配されている。有志の人たちが昼は役所や銀行に勤めながら、余暇を利用して採集、習得にあたっている。若いお嬢さんたちも多く加わっている。踊りは身体におぼえるより外に方法がないからたいへんだ。ねばり強い努力である。

悠久の時間に生きているようなこの天地にも、時代は激しくうつり変っているのだ。

那覇で、沖縄タイムス社の豊平さんがしみじみと私に言った。——沖縄は戦争によって何もかもなくしてしまった。滅びなかったのは、わずかに踊りとか歌のような、無形の文化財だけだった。そして今日のわれわれに沖縄人としての誇りを与えるのも、そういう文化・芸能しかない。だが古いものはどんどん失われて行く。何とかしてこれをまもらなければならない。

彼は実際にそれらの保存、復興に情熱をかけて、文化運動を展開している。

その努力には打たれる。だが、それらはつまりは過去の結晶である。生甲斐のイリュージョンであって、現在の充実ではない。私は沖縄人に、結果ではなく、そういうものを生んだモチーフ、生命の感動をとり返すことをこそのぞみたい。現代の沖縄の現実は、世界のゆがみ、そのせっぱつまった凝縮の中にある。かつての沖縄人が苦悩の歴史を歌いあげ、踊りぬいて乗りこえたように、しかしまったく別の形でこの矛盾を克服しなければならないのではないだろうか。どういうやり方、どういう方向に、――それは沖縄人自体が、生命のエネルギーによって発見し、解決して行かなければならないのだ。

＊

国頭《くにがみ》の西海岸、喜如嘉《きじょか》に「臼太鼓《うすでえく》」という郷土芸能が伝わっている。これは非常にいいものだ。特にやってもらうように手配しておくから、是非見て下さい、私も御一緒します、と琉球新報社長の親泊さんにすすめられた。

沖縄を離れる前の日だった。

朝早く那覇をたち、車を走らせて行く。名護市を過ぎ、国頭地方をさらに北に進む。先ごろの台風の影響で、海岸線はそこここでゴッソリと崖崩れして傷々しい。道は修復してどうやら車が通れるようにはしてあるが、押し出した赤土が波打際に無残なもり上りを見せていたり、また道路がガックリと落ちこんで、崩れた護岸のコンクリート壁が波に洗われている。塩屋湾の入口にかけた橋が落ちているため、大きく迂回して、深く幾重にも切り込んだ入江に沿って進む。そんなことで、かなり手間どった。

ようやく目的地についた。この辺はひっそりと静かで少しも戦争の傷あとを感じさせない、昔ながらの沖縄だ。福木《ふくぎ》が屋敷を囲んで高々と生い茂り、あたりの空気は香り高い。約束の公民館に行ってみると、誰もいないし、何の気配もない。不審に思っていると、向いの雑貨屋のおばさんが出て来て、あずかっていた紙片を手渡した。

——せっかくのお頼みだが、ちょうどこの辺はとりいれの時期なので、手が揃わない。それにもう何年もやっていないので、急のことでは練習も間に合わないから……という断り状であった。世話役さんも何処かに用があって、出かけたという。まったく拍子ぬけだった。

聞いてみると、一昨年、内地の民芸視察団が来たときに見せたきり、村の行事としては全然やっていないという。それに歌や踊りを知っているのは、もう六十、七十のお婆さんばかり。かなり激しい踊りなので、なかなかやらない、というよりやれないということだった。

そのお婆さんの一人、「タイワン婆《ばあ》」とよばれる人をたずねて行ってみた。国頭地方の特徴である生け垣に囲まれ、庭には糸芭蕉を植えた簡素な住居だ。小柄で優しそうなお婆さんが、ひどく古びた糸車で、芭蕉の糸をつむいでいた。この集落は、今はわずかに残っている芭蕉布の産地である。遠慮して上りがまちに腰をおろして挨拶すると、中へおあがりなさいと、ひどく一生けん命、人なつっこい。四畳半ばかりの小さい部屋に、板ばりのささやかな芭蕉布の機織場がついている。きびきびと、まめに動いて、お湯をわかしたり、庭でとれたシークヮーサーという「すだち」に似た原生みかんを盆に盛ってすすめてくれる。この汁で芭蕉布を漂白するのだという。

せっかくここまで来たのだから、臼太鼓の歌だけでも聞かして下さい、と頼んだ。

「もう昔のことだから――」

とはにかみ、ためらっていたが、やがて糸をつむぎながら静かに歌いだした。

お婆さんがたった一人、低い声で歌う、もの悲しい、のどかなメロディー。聞いていると、明らかに豊年踊りの系統だ。紺地のうちかけ。頭には紫の鉢巻をたらし、太鼓を叩きながら踊るのだそうだ。

お婆さんの眼はふと輝く。それは恥じらいのような、なつかしさのような。

「私たちの小さいときは、パサギンという、短い着物を着て、大勢でにぎやかに踊っていたもんでした。」

親泊さんが「ここでお昼にしましょう」と車から大きな風呂敷包をとりよせた。「こっちの方には食事するところなんかありませんので、家で作らせました。まあ味わってみて下さい。」お婆さんもどうぞ御一緒に、と包みを開くと、これは面白い。

黒塗りのお重に小麦粉を薄く焼いてくるくる巻いた、白い棒状の食べものがぎっしり、見事に並んでいた。一つ、つまみあげると、しんなり、つやつや、いい匂い。中にはねり味噌が巻きこんである。上品な淡い味だ。古典料理で、包々《ぽーぽー》という。そう聞いて、一だんと嬉しくなってしまった。ぽーぽー。

あたりはひどくのどかである。庭には真昼の光を受けて、糸芭蕉の明るい葉裏がひるがえっている。

このあたり、大宜味《おおぎみ》村一たいは耕地が少いので、元気な人たちは那覇に出て商売したり、勤めたり、或いは八重山に移民で行ったり、大ていの家がお婆さん一人で留守居をしているのだそうだ。

帰りがけに芭蕉布についてたずねると、

「こんなこと、いま頃の若い人たちはやらんですよ。しん気くさい仕事ですから、やれとも言われんですよ。としよりは、ほかにすることがないから、一反の反物でも手をかけて作ろうとしますが。」

やさしくそういって笑った。

ここで私は目的の踊りは見られなかったが、その滅んで行く姿を見た。あらゆる島や、村々で、それはひっそりと進行しているにちがいない。

歌とか踊りというものは、生きる、その充実のほとばしりであって、その瞬間に叫び、その瞬間に舞えばそれでいい。音として消え、形として消えるものなのだ。吹きながすのだ。惜しみなく。——と私はそう信じる。

しかし、消え去って行くものへの、とり返しのつかないような懐しさ。それはまた何か身体からはがされて行く、にぶいうずきでもある。

国頭の上に、空はかつて見なかったほど青く澄んでいた。この日、名護湾にはイルカの大群がおし寄せた。帰り途、海岸にそって行くと、浜には仕とめられた獲物がごろごろ転がり、渚はまっ赤に染まって、人々が陽気な大声をあげていた。

神と木と石

平たい久高《くだか》島に、直角に陽がつき刺さっていた。白茶けた耕地。それをとり巻いて、ささくれだった阿檀《あだん》の林。空は濃く青く、緑はナマ、白い小道がギラギラしている。色、光は激しいのに、物音一つしない。この真空のような風景の異様なひろがりは、ふと小島の中にあることを忘れさせる。

沖縄本島南部の知念《ちねん》岬から、沖あい約三浬《かいり》、幅五百メートル、長さ四キロほどの小島。一見平凡で、何の変てつもない。しかしこの世界には、生と死とが静かにたち向い、共棲している。

西海岸一帯に繁茂する阿檀林の中。この一部は後生《グソウ》とよばれ、よそものは入ることができない。禁止の場所である。トゲのある、バサバサした細長い葉が密生し、強風にたえてよじれ、曲り、からみあった幹、たれさがった気根の間のうす明るい地面に、無数の死がさらされている。はるか暗闇の祖先から、ここに死体は遺棄され、埋もれ、積み重ねられてきた。風葬——いまはこの島だけに残っている沖縄の古い習慣である。
久高島にはこのおびただしい死と、ささやかな生の営みが、透明な比重の層となって無言のうちにしりぞけあっている。生はひっそりと死にかこまれ、死が生きているのか、生が死んでいるのか。生と死のいずれが実在なのか、ふと錯覚する。映画のスクリーンに、瞬間にネガとポジが交錯して映し出されるとき、奇怪な実体が浮きだしてくる、あのセンセーションだ。

しかしあたりは限りなく明るい光の世界。清潔だ。天地根元時代のみずみずしい清らかさ、けがれなさはこのようではなかったか。久高島の印象は今度の旅行でも、私にとって最も神秘的であり、その気韻はまだ私のからだの中に響きつづけているのである。

村の中も静かだった。けわしい石垣にはさまれた細い白砂の道を、迷宮のように幾つも曲り、奥の方まで行ったが、人の影もない。無人の島かと思われるほどだ。崩れた石垣の間から、雨水をためる大きな水槽が見える。その下の石を積んだ洗い場のふちに、優美な、独特のスタイルのクバ笠が一つ、ひっそりと置かれている。突然、石垣の角から真黒い異様な顔が出て来た。海坊主みたいだ。いが栗の白髪頭、じーっとくぼんだ大きな眼でこちらを見ている。短い着物の前を少しはだけて、しばらく動かない。不気味だ。ノソッと行ってしまった。向うの方が驚いていたのかもしれない。

同行してくれた那覇の観光協会長、山城さんが、福木の木陰に立ちどまって、「ここが久高のろの家です」といって石垣の中に入って行った。沖縄の民家は正面石垣の一間ばかりの切れ目が入口だが、そのすぐ奥についたてのような石垣がある。ヒンプンという。目隠しというより、やはり台風よけであろう。やがて中年の人と一しょについたての後から出て来た、のろの息子さん。ととのった顔だち、ひどく物腰がやわらかい。中に案内する。そこは一だんと白砂のまぶしい前庭になっていて、正面にささやかな茅葺の家。その暗みの中に老婆が一人坐っていた。久高のろである。何か手仕事をしていたようだが、こちらを見ると静かに居ずまいを正した。真白い髪を沖縄風に束ね、深い皺が彫りこまれた顔には気品はあるが、眼ざしはやさしい。

沖縄には日本の原始宗教、古神道に近い信仰が未だに生きている。のろはその神秘的な女性の司祭、つまりシャーマンである。各島・各村々に必ずのろがいて、宗教的儀式や祭りをつかさどる。沖縄列島では「のろ(祝女)」、先島では「つかさ(司)」というが、役割は同じだ。

古い時代、沖縄では神と交わるのは女だけの資格であり、直接神事に関する一切は男にはタブーだった。この信仰の権威は、一般的にはかなり衰えたといわれているが、しかし民間や離島などには、まだ根強い伝統としてのこっている。

ところによってさまざまだが、祭りは御嶽《うたき》（神のおりる聖所）で、女性だけで行われた。中には「うちはれの踊り」などという、巫女たちが全裸になって踊り狂い、入神する激しい儀式もあるらしい。祭りの模様は秘密にされる。女たちは、たとえ自分の息子や夫にでも、男には決して話さない。第一、神人《かみんちゅ》（神事をおこなう資格をもった女）同士は、こういうことに関しては普通の村人には解らない特殊な言葉を持っているところさえある。

御嶽は、男子禁制だった。今では大分ゆるくなり、ふだんは入れるところが多い。しかし森の中の、迷路のように閉ざされた秘密の道をたどって、神人だけが出入りしたり、また海岸の、潮が引いたときだけあらわれる洞窟が御嶽への唯一の通路だったりする島もある。

こういう厳格な禁制によってまもられる神は、かつて沖縄のあらゆる島々で絶対の力だった。人々は運命の吉凶をそっくり、女性の仲だちを通して神に託し、彼女らによって伝えられる神意にしたがって行動したのだ。祭政一致の社会。神威をバックにした女の力は強大であったらしい。

このような古代宗教の世界、沖縄にも、やがて武力による政治権力が擡頭してきた。「按司《あじ》」とよばれる豪族の出現である。十一、二世紀になると、これらの族長がそれぞれ城をきずき、世は「いくさ花遊《はなあし》び」としゃれた表現でよばれる戦国時代となった。それも次第に整理統合されて、十五世紀のはじめ、尚巴志によって沖縄全土の統合、支配が完了する。

こうなると、古い権威である女性の宗教的指導力は、現実的な男性の政治権力とぶつかり、抑えられてくるのだが、その姿は沖縄史の流れとからみあって興味深い。横道にそれるので、ここでふれることはできないが、沖縄の面目が躍如としたさまざまのエピソードがある。

尚巴志の死後、革命によって政権は第二尚氏の手に移った。三代・尚真王は地方の按司《あじ》たちの武器をすべて国庫にとりあげ、また彼らを首里に強制移住させて、中央集権的封建制を確立したが、そのとき各氏族の女司祭を、官吏のように公の任命制にして土地を与えた。最高の位を「聞得大君（きこえおおぎみ、ちふいじん）」とよんで、王の姉妹をすえ、その下に沖縄全島を三地方に分けて、それぞれの神女の長として「大あむしられ」をおき、豪族の娘を任命した。それが地方の神官「のろくもい」を束ね、さらにそののろの下に根《ね》神《がみ》、根人《ねっちゅ》、神人《かみんちゅ》というように、ピラミッド型の組織を作り、政治体制に応じるようにした。

一見、権威づけのようだが、実は神の仲介者であり、神格でもあった彼女らの精神的な支配力を、官僚的な地位にすりかえ、政治に従属させたのだ。

十七世紀のはじめに、沖縄は薩摩の島津氏に征服された。この最大の国難に際して、女たちの神は何の神威も示さなかった。支配者であり、知識層だった武士階級は、儒教的教養を身につけて、女の祭りや神託なんて、未開迷蒙、始末におえない迷信と考えるようになった。また男尊女卑の薩摩への憚りもあったろう。名宰相として知られる羽地朝秀、蔡温など、いずれもこれを抑えることに力を入れた。

政策的に圧迫され、時代の風潮から見捨てられ、古代的信仰は次第に衰えて行った。

今日ののろはそういう過ぎ去った夢をつなぎとめる、かすかな糸。その古代の香りをこめた風貌は、やがて静かな空気の流れの中に消えて行ってしまうだろう。凛々しいが、しかしはかない孤独の姿勢である。

「久高のろ」にいろいろ話しかけると、ややはにかんだように、低い声で口数少く答えてくれる。それがひどく女らしい。娘のまま気品高く老いたようだ。世帯じみた臭みがまるでないからだろう。話の意味がじかにくみとれないのがもどかしい。息子さんが通訳してくれる。

彼女は八十八歳だそうだ。この島にはのろが二人いて、もう一人の「外間《ほかま》のろ」は最近死に、三十代の娘さんがあとをついでいるという。

端然と手を膝に組んで、一人言のように答えるのだが、その手の甲にはべっとりと入墨がしてある。「ハヅキ」という、この沖縄婦人の入墨の風習は有名だが、いまは七十以上くらいの老女にしか見られない。昔は誰でもやったし、各島々によってその模様がちがっていて、手を見るとその人の出身がわかったそうだ。彼女は十三から入れはじめて、何年もかかったという、痛くて、いやだったと笑った。小さい女の子が外から帰って来た。のろの肩に甘えかかる。ひ孫だろう。何か受けこたえしている。やさしいお祖母さんだ。

「写真をとらせてください」と頼むと、素直に明るい軒先の方に出てきて坐ってくれた。私は内心、不安だったのだ。沖縄の女の人は写真をとられるのを嫌がる。この島でも、写真をとられることを「ぬく」といって、写されると早く死ぬと考えるそうだ。生魂をぬくということらしい。ことに宗教的な地位の女性だから、どうかと思ったのだが、息子さんが話してくれたせいか、意外に気軽く応じてくれた。

　どうせなら、のろの正装をしてもらいたいのだが、あまりぶしつけだ。遠慮して、「お祭りのときはどういう装束ですか」とたずねた。白い神衣に曲玉をかけて、クイジという蔓草を冠のように頭に巻くのだそうだ。だが神衣や曲玉は戦争で失ってしまって、もう何もないという。こんなにささやかで平和な島にまで、と驚くのだが、沖縄戦の砲撃を受け、集落は焼けおちた。いまの住居も戦後、政府の規格によって建てられた家屋だそうだ。

息子さんがこれから島の中を案内してくれるという。「夜なかエラブをとって、朝になってから寝たので。ちょっと待って下さい。いま顔を洗って来ますから」と流しの方に出て行ったが、やがて戻って来て、「エラブ鰻をお見せしましょうか」と快活に声をかけた。そして母屋の左手の、小さい穀倉のような建物から、南京袋をくった重そうな包を引っぱりだして来た。

エラブ鰻を獲る権利は、久高島ではのろと頭《かしら》に限られている。かつては海の獲物は全部、一たんのろにおさめたのち皆に分配したものだというが、もうそんな神権はない。だがこのエラブの収入だけは今もなお、のろのものである。

しゅろ縄で縛った口をひらいて、手を突っこむと無造作に摑みだした。どす黒く、鱗がギラギラしている。太くて、ながい。もの凄いヤツ。鰻じゃない。まったくの蛇だ。白砂の上に投げ出す。泳ぐように身をくねらせる。胴太で頭が小さい。しっぽを持ってつまみ上げると、幾廻りも腕に巻きつき、細い舌をちろちろっとひらめかせる。腕ごと前につきだして、息子さんは明るく笑った。海にもぐって、手づかみにするのだという。

「こんなの、どうやって食うんですか。」いささか気をのまれて聞いた。大てい干物にするのだそうだ。そういえば那覇の市場で、ステッキのように積みあげて売ってるのを見かけたことがある。大へん精のつく食べもので、学生の試験勉強のときなど鰹節のように削ってかじる。うっかり食べすぎると鼻血を出すと聞いた。水でもどして、昆布や豚肉といっしょに煮るとうまいという。

息子さんのあとについて外に出た。また幾つか石垣の間を曲り、木立の下の道をしばらく行くと、ちょっとした空地に出た。その一隅に大ぶりの四阿《あずまや》のような柱だけの建物が建っていた。神アシャギである。

ここが名高い「イザイホー」の行われるウドンミャー（御殿庭、あるいは御殿宮）だ。

久高島では三十から七十までの女性はすべて神事に参加しなければならない。そして十二年に一回、午の年に、新しいナンチュ（神人）を資格づける厳粛な儀式が行われる。イザイホーの神事だ。

儀式は三日間にわたる。神アシャギはクバの葉でおおわれ、そのうしろの阿檀林、イザイ山の中に、「七ツ屋」という、クバで葺いた小屋を作って、三十から四十一までの女は厳重なおこもりをする。さらにミソギで身を浄める。

二日目のたそがれ、裸足で、黒々とした長い髪をふりみだした白装束の女たちが、何十人も、

「エーファイ！」

と掛け声をかけながら、疾走してきて、順々に「七ツ橋」を渡るのだ。むきだしに粗野、だからこそ、凄い。ドラマティックだ。それは原始の神秘である。橋渡りは祭の最高潮で、女たちは極度に緊張して真青になるそうだ。これによって、人間の女から、ナンチュに変身する。つまりこれは神聖なイニシエーションの儀式なのだ。

このとき、不貞をおかしたり、不身持だった女がその中にいれば、橋をころげ落ち、血を吐いて死んでしまうと言い伝えられている。しかし橋といっても長さ一メートルばかり、高さは地面からせいぜい二、三十センチの、象徴的な橋を地面に置くので、実際には落ちるなんていうしろものではない。「ここに橋をかけるんです」と息子さんが神アシャギの前で地面をさす。「せいぜいこのくらいです」と高さを手真似で見せた。しかしこの信仰のために、久高島の女性は貞操が固く、夫が出稼ぎに出て何年島を留守にしても、しっかりと家を守っているという。島の外に出た女たちもイザイホーには帰ってくる。だがふしだらをしている者は、この神人試験を恐れて、帰れない。そして結局、故郷を捨てなければならなくなるそうだ。こういうことが巷間には貞操試験だとか処女試験だなんて、猟奇的に、面白おかしく言い伝えられたこともあったらしい。しかし当然のことだが時代とともに事情は変りつつある。一九五四年に戦後はじめてのイザイホーが行われたが、あれが最後になるのではないか、といわれている。

私たちはギラギラした太陽の直射をあびながら、細長い島の反対側にある、大御嶽《うたき》に向った。

*

平坦な耕地。その果は死の阿檀林にさえぎられて、海の一かけらも見えない。白茶けた土くれがごろごろした、いかにもやせた土地だ。老婆が一人、耕していた。見わたすかぎり、石ころをたんねんに帯のように並べて、矩形に区切ってある。有名な地割制度だ。周囲二里というこの島は、耕地の私有制が発達するにはあまりに貧しすぎたのだ。土地全部が集落の共有という、一種の原始共産制を今日まで続けてきている。十六歳以上の男に平等に耕作権を割り当てた。戦後は一戸ずつに、だいたい人数に応じて割り当てるようになったという。耕作権の境界を示す粗末な仕切りである。

大昔からギリギリの生産手段をわけあって、何とかやってきた。はみ出した人たちは島を出て行くのだ。だからふえもしないし、へりもしない。決して栄えないが、衰えようもないという生活。遠い神代のような時代から、おそらく変らぬ姿で生きつづけて来たにちがいない。こういうのっぴきならない生活は久高にかぎらない。他のすべての小島でも、きびしい自然の掟となっていた。むかし与那国島では、島の中央に「トング田（人桝田）」

というのがあった。南国の陽の下に、前ぶれもなく、突然に、法螺貝、銅鑼が鳴りひびく。人々は何もかも放りだして、この水田に駆け集まってくる。田は狭く、全部は入りきれない。はみだしたものはその場で斬り殺されるのである。さらに「久部良」という海岸には身重の女をつれて行って絶壁の割れ目をとばせる制度もあった。多くは落ちて死んだという。この「人桝田」も「久部良割れ」も、なまなましい思い出をのこして現存している。

　このような残酷な話はわれわれには、しかしほとんど美しい伝説のようにしか聞えないが、こういう小島の貧しい耕地をじかに見ると、その恐ろしさは実感として迫ってくる。

　だがそんなむごい思い出とはまったく切りはなれて、ぽこっと浮びあがったように、今は底ぬけに明るく、のどかな世界である。のろの息子さんが「ちょっとこちらに入ってください」と、阿檀や蘇鉄、マーシュギー（塩の木）の雑然と生い茂った中にふみこんで行った。ふみつけ道がちょっと下る。忽然と目の前に海がひろがった。

　真白な砂浜が三角形に輝いて、はればれと波がくだけている。舞台のような〝南海の孤島〟のイメージだ。

「伊敷浜です。」

　むかしこの浜に白い壺が流れ寄った。中をあけてみると、五穀の種が入っていた。この壺はギライカナイ（神の国）から来たのだそうだ。それから沖縄じゅうに穀物栽培がひろがったという穀物起源の伝説がある。その種をはじめて植えたというハタスとよばれる神田のあともある。

ふたたび小道を行く。あたりは相変らず地割の石をならべた耕地。そのひろがりの中の一本道がやがて分れる。道を左にとって進む。しばらくして林につきあたった。息子さんが「ここが御嶽に行く道です」とその中に入って行った。

高々としたクバの木が頭上をおおっている。その下には道があるような、ないような。右に曲り、左に折れ、やがて、三、四十坪ほどの空地に出た。落葉が一面に散りしいて、索漠としている。

「ここです。」

気をぬかれた。沖縄本島でも八重山でも、御嶽はいろいろと見たけれど、何もないったって、そのなさ加減。このくらいさっぱりしたのはなかった。クバやマーニ（くろつぐ）がバサバサ茂っているけれど、とりたてて目につく神木らしいものもなし、神秘としてひっかかってくるものは何一つない。息子さんは、今年の台風で木が倒れ、葉が吹き落されて、ひどく殺風景になった。いつもはもっと暗いという。つまり森厳な感じがあったというわけだろう。それにしても、わざわざ三十分も歩いて見に来たのがこの、まったくただの空地だったとは驚いた。いくらとぼけたハイカーだって、こんなところじゃあ弁当もひろげないだろう。

　息子さんは端の方につつましく立ったまま、口数が少い。ここもかつては男子禁制だった。そんな憚りがあるのだろうか。いまだって祭りには神人だけしか来ない。彼女たちが酒やご馳走をもって来て、ここで神様に捧げ、自分たちも食べる。残りを家に持って帰るのだが、男はそれにさえ手をつけない。「けれども満五十以上のじいさんは食べてもいいんです。」息子さんはそう言った。何となくユーモラスなので、笑ってしまった。

　御嶽にはどこでも、かならず香炉が置いてある。コーロといっても、香をくゆらすとかお線香をたくためではない。多くはただの四角い切石で、それを通して神様を拝するのだが、ここにはそれも見あたらないようだ。

「香炉はどこですか。」

と聞いてみた。隅の方に三つ四つ、石ころが半分枯葉に埋もれてころがっている。それだという。どこかで拾ってきたという程度のものだ。その中に、本当の神聖な石があるのかもしれない。あるはずだ。しかし中のどれがそうなのか、あるいは全部セットになっているのか、のろの息子さんは、はっきり言わない。男だから、本当に知らないのか、あるいは知っていて教えないのかもしれない。信仰とかタブーに関しては、ひどく素直にそらっとぼけることがあるそうだ。

これだ、と言われれば、そうかと思う。そのつもりになって、見ようもあるが、でなけりゃどうしたって、ただの石っころだ。

何の手応えもなく御嶽を出て、私は村の方に帰る。何かじーんと身体にしみとおるものがあるのに、われながら、いぶかった。なんにもないということ、それが逆に厳粛な実体となって私をうちつづけるのだ。ここでもまた私は、なんにもないということに圧倒される。それは、静かで、幅のふとい歓喜であった。

あの潔癖、純粋さ。——神体もなければ偶像も、イコノグラフィーもない。そんな死臭をみじんも感じさせない清潔感。

神はこのようになんにもない場所におりて来て、透明な空気の中で人間と向いあうのだ。のろはそのとき神と人間のメディアムであり、また同時に人間意志の強力なチャンピオンである。神はシャーマンの超自然的な吸引力によって顕現する。そして一たん儀式がはじまるとこの環境は、なんにもない故にこそ、逆に、最も厳粛に神聖にひきしまる。

日本の古代も神の場所はやはりここのように、清潔に、なんにもなかったのではないか。おそらくわれわれの祖先の信仰、その日常を支えていた感動、絶対感はこれと同質だった。でなければこんな、なんのひっかかりようもない御嶽が、このようにピンと肉体的に迫ってくるはずがない。——こちらの側に、何か触発されるものがあるからだ。日本人の血の中、伝統の中に、このなんにもない浄らかさに対する共感が生きているのだ。この御嶽に来て、ハッと不意をつかれたようにそれに気がつく。そしてそれは言いようのない激しさをもったノスタルジアである。

それにしても、今日の神社などと称するものはどうだろう。そのほとんどが、やりきれないほど不潔で、愚劣だ。いかつい鳥居、イラカがそびえ、コケオドカシ。安手に身構えた姿はどんなに神聖感から遠いか。とかく人々は、そんなもんなんだと思いこんで見過している。そのものものしさが、どんなに自分の本来の生き方のきめになじまないか、気づかないでいる。

沖縄にも、こういう形式主義がないわけではない。私はそこに堕落して行くまでの過程、そのあらゆる段階が現存しているのを見た。本島、八重山、その他、数々ある御嶽を見て歩いていると、この久高島のようにクバの森とただの石ころという初源的なのから、ついにありふれた神社まがいに発展、いや成り下がる、その筋みちが系統図のようにはっきり摑めるのだ。そして日本の原始宗教——天照大神なんて、そんなのいたのかいなかったのか、それはどうでもいいが、素朴な信仰から、国家権力を背景にしたいかめしい神社に至るまでの、日本神道の経てきた道はまさにそのまま、同じではないか。

はじめは清らかに単純だ。美しくしずまった森。神託によって定められた聖域が氏族生活の中心だ。その秘めた場所に、ひそかに超自然のエネルギーがおりてくる。それにつながり、受けとめることをぬきにして、彼らの生活の原動力を考えることはできない。そびえたつ一本の木。それは神がえらんだ道。神の側からの媒体である。この神聖なかけ橋に対して、人間は石を置いた。それは見えない存在へ呼びかける人間の意志の集中点、手がかりである。

自然木と自然石、それが神と人間の交流の初源的な回路なのだ。

この素朴な段階でこそ、神と人間は相互に最も異質でありながら、また緊密だった。人間は神を徹底的に畏れ、信じた。

やがて形式主義がはじまる。ただの石ころから四角い切石の体裁に。神と人間の通いあう清冽な流れの中に、人間の匂いが、一種の夾雑物としてまじりはじめるのだ。それは自己増殖する。

切石が香炉という名でよばれるようになり、そして本当の香炉として実用的形態をそなえてくる。やがてお仏壇に見られるような、飾りのついた陶磁器の鉢となる。今日多くの御嶽では、切石と陶器の香炉がダブッて飾られ、混乱のあとを示している。香炉は明らかに後世の仏教の影響である。

倒錯がおこる。神にむかう手段にすぎなかった香炉、人間側のポイントだけが、次第に意識の中央にせり出してくる。神の側からのかけ橋であった自然木は、その役割がいつの間にかあいまいになって、聖域イビの背景に退いてしまう。

さて、香炉の上に屋根がつく。雨露しのぎにさしかけただけの粗末なものだった。森の湿気の中で、それは見る間に朽ちて行く。そうした姿もあちこちに現存している。それがやがて丈夫な瓦屋根に変り、囲いが出来、次に香炉だけでなく拝む人をもすっかりおおうようになれば、もうレッキとしたお社だ。いつの間にか入口には門構えが出来たり、内地風の鳥居まで立ちはじめる。社前に並んだ石燈籠なんて、まったくもってガッカリだ。……もう少し戦争が永びきでもしたら、どんなになっただろう。忠魂碑なんてアクセサリーまでとり揃えて、ナントカ嶽《だけ》神社などと勇ましく、沖縄中の御嶽が日本《やまと》の皇道精神に右へならえしてしまったに違いない。

自然のままよりも尊大な形をつけた方が神様を大事にしているんだと思っている。素肌で神にふれ、対決する、きびしい切実なつながり、その緊張を忘れ、人間はこのようにあまりにも人間的な形式主義によって、神をまつりあげる。それは逆に神聖感を消し去り、同時に人間としての充実感をも失わせてしまうのだ。

私は今まで、エジプトの神殿、アクロポリス、出雲大社が神聖だと思っていた。しかし何か違うのではないか。それは人間の意志と力にあふれた表情、いわば芸術の感動ではなかったか。それを通して、背後にある恐ろしい世界、その迫力みたいなものに圧倒される。権勢をバックにした豪壮さ、洗練を極めた形式美。つまり力と美に対する驚歎であり、アドミレーションである。

沖縄の御嶽でつき動かされた感動はまったく異質だ。何度も言うように、なに一つ、もの、形としてこちらを圧してくるものはないのだ。清潔で、無条件である。だから逆にこちらから全霊をもって見えない世界によびかける。神聖感はひどく身近に、強烈だ。生きている実感、と同時にメタフィジックな感動である。静かな恍惚感として、それは肌にしみとおる。

神は自分のまわりにみちみちている。静寂の中にほとばしる清冽な生命の、その流れの中にともにある。あるいは、いま踏んで行く靴の下に、いるかもしれない。ふと私はそんな空想にとらわれていた。

＊

集落へ行く一本道を、向うから男が二人歩いてくる。白っぽく熱しきったひろがりの中に、かなりの間隔をとって。その黒い影は何となく異様で、孤独だった。この天地の中で、二人だけが一直線に、何か目的をもって歩いてくる、という感じだ。

近づいてみると、どちらもテカテカと陽やけした、かなりの年輩の男。箒とバケツ、小さな袋を持っている。すれちがうとき、のろの息子さんが挨拶すると、黙って合掌し、そのまま行ってしまった。

ソーレーガナシがターキビシのお掃除に行くのだ、と教えてくれた。ソーレーガナシは竿取神、島の漁師の代表で、海の神の司祭だ。ターキビシは島の東北端、カベールの岬にある海神の拝所《うがん》（聖所）である。

そうれえがなしは毎朝、斎戒沐浴して、竜神様に豊漁を祈る。漁に出るときはターキビシに行って拝むし、また帰りにはここで神に獲物をお刺身にして捧げ、自分も食べてから帰るのだという。魚のゆいむん（群がって寄ってくる）のときなどは、島中の漁師の指揮をとるし、獲物の分配もする。男としては集落の最高の地位で、だからどんな身分の高い人に会っても、おじぎはしない。それで合掌するのである。

が、のろと違って世襲ではない。集落の中から二年交替の廻りもちで選ばれるのだ。はじめの一年は見習いとして神事をたすけ、次の年にそうれえがなしになる。後からついて行ったのがその見習いだそうだ。この名誉職はだいたい年の順で、いまは六十四、五歳で廻ってくる。これをつとめたら、もう一通りの人生は終ったと考えるという。

集落に帰ってから、そうれえがなしの家に行ってみた。ひどく貧しげな民家。入口の右手に、簡単な竹の囲いがあって、長い竿が立てかけてある。これが「竿取神《そうれえがなし》」のしるしだ。もちろん、かれは留守。あけっぱなしの家に息子さんは勝手にあがりこんで、どうぞどうぞと呼び入れる。

一隅に粗末な棚をしつらえ、酒や水があげてある。そこの板壁には神聖な「サシカ」という、舟板のきれっぱしと、小さな模型の網に、海岸の石っころを幾つかくくりつけたものがぶら下げてあった。素朴な、まことに素朴な信仰である。

そのほか、この村の中心であるムートヤー（本家）の拝所《うがん》だの、火の神の拝所なども見た。いずれにしても、われわれの生活の上では、痕跡ものこさずすでに消え去ってしまっている古代の根源的な信仰形態が、この島ではひそやかに、しかし深い呼吸をつづけているのだ。

沖縄旅行の短い期間に、信仰の感動が強烈にもりあがる祭りにふれることはできなかった。これはまったく残念だったが、しかし淡々とした平常の空気の中で、その魅力は十分に私を捉えた。もし私がここに住んだら、このまますっと何のためらいもなくこの信仰に入って行く、行けるだろう。

いわゆる既成宗教に、嫌悪と抵抗を感じている私が、そう思う。もちろん閉された部族の生活に密着した原始的な信仰と、開かれた世界の高度な宗教とを一緒に論じることはできないが。強大な体制をバックにした儀礼や戒律、その装飾過多の権威主義。不動の意志を押しつける教義、それにまつわる教訓だとか道徳観、階級、信仰の深さ、浅さ、そして立場や論争――そんな重っくるしい、いわば不純なものはここには一切ない。

爽やかに、無邪気に、形而上的存在に直結しているのだ。さらさらした素肌の敬虔さである。それは信仰であるというよりも風習であり、風習であるというよりも、やはり信仰である。生活と宗教は一体で、それはこの集団の内部において絶対である。人々は島の生活の全体性の中にあって、敬虔に掟にしたがい、役割をつとめる。誠実で、献身的だ。

この信仰の内容について証言するには、辛抱強い観察、精密に、体系的に突っ込んだ採集と推論がなされなければならないと思う。いろいろ文献もあるが、まだ十分ではない。専門家の今後の努力に期待したい。だが私はそういう具体的な問題よりも、ここで直観的につかんだものについて考えてみたいのだ。島全体に流れている清浄感――けがれなさといった方がいいだろうか。もちろん、ただ清潔というのだったら、ガラスやタイル、金属などでピカピカした近代的環境の方が、科学的に衛生的に清潔だろう。しかし清浄感というのは、違う。

日本人もそうだが、沖縄人も穢れに対して異常に敏感だ。

そこには浄、不浄の信仰がある。それは生活を支配する観念であり、また社会秩序でもある。何か不幸や、不吉なキザシ、あるいはふだんの生活の秩序がおびやかされることがあれば、それはケガレであって、直ちに清められなければならない。〝浜おり〟（海に入って身体を浄めること）とか、井戸《かあ》で洗う、雨にあたる、水のないところではごく少量、二、三滴の水をふりかけるだけでも穢れをとり除く。いずれにしても、水である。

神事の際、神人が身を浄める。沖縄でも、これをミソギという。その他、死、出産、鳥が家に飛び込んで来たときなどに、これを穢れとしてその一家が浜おりする。また、定められた日に村人が揃ってする風習もある。子供の命名式が〝カア（井）おり〟と呼ばれ、水をつける儀式があるし、塩水や水をマジナイ的に使う場合は数多い。

明らかに古代日本のミソギハライと同一だし、また太平洋の島嶼民族の風習を思わせる。古事記ではイザナギがヨミの国から逃げ帰り、「吾《あ》はいなしこめしこめき穢《きたな》き国に到りてありけり。かれ、吾は御《み》身の禊《みそぎ》せむ」と水あびする。日本人は神聖なものに対する場合、斎戒沐浴して身をきよめ、略式にしても手水をつかう。また水ごりをとるという風習など久しい伝統だ。今日なお水商売の家で、もり塩してケガレをはらったり、「塩をまく」とか「まかれる」とかいうのも、明らかに海水で浄めた名残りである。

かつては、さらに広範囲に、そしてきびしい例があったに違いないと想像する。柳田国男氏は報告している。「久高の男は年中海に出て働いて居るので、農作は全部が女の手業であった。しかも穢を忌むことがあまりに厳かなるために、冬分は畠に肥料を施すことも出来なかった。一度肥しを持てばすぐ海に下って、髪の毛までもよく洗わねばならぬのが寒いからである。」（『海南小記』）

久高島の平たい耕地をながめながら、ふと、このきよらかな習性、潔癖感は、もっとも原始的な衛生思想ではないかと思った。考えてみれば、こんな小さい島にもし疫病が発生し、蔓延したら、部族は全滅だ。だからその災を誘発する、死、病気、腐ったキタナイものなどは、恐ろしい穢れである。それにかかわった人や物は、海でそのケガレを洗い流し、ふり落してしまう。悪疫がはやっても、みんなが海にとび込んで身体を洗うだけで被害をくいとめる衛生的効果があるだろう。何か、それは島嶼民族の、はかないような切実なような生き方、運命であるようだ。

衛生なんていうと、白衣や消毒薬の匂いを連想してしまうが、精神と肉体の未分化の社会では、キヨメは凶なる霊、悪い力に対する予防であり護りである。現代人の衛生観念のような、単に生理的、機械的なものではない。全身全霊的なものだ。だから、前に引いた例でもわかるように、汚れた部分を洗うだけではすまない。髪の毛一本一本まで洗わなければならないのだ。

これには、ただ洗うとか、汚れをおとすというだけではなく、「ウマレキヨマワリ」つまり新たなものに生れかわる、再生の意味があるようだ。

ところで、これを原始的な信仰だなんていってすましているわけにはいかない。われわれの生活の中に、現にこの伝統は生きつづけている。日本人ぐらい、風呂に入りたがる人種はいない。世界で有名だ。風呂好きは高温多湿のせいばかりではなく、民族をあげてのマニアといっていいだろう。

「まず一《ひと》っ風呂《ぷろ》あびて、さっぱりしてくる」とか「いらっしゃい」なんて、互いにサッパリしたがる。これはまた、ひどくニホンゴだ。だいたい、クソ面白くもない日常生活で、湯あがり気分ほど日本人が生甲斐を感じる瞬間はないんじゃないか。お風呂はただよごれを落し、身体をきれいに保つという実用的な意味だけでなく、多分に精神的で、マジナイ的要素がある。自分で気づかないで、毎日ミソギをやっているのだ。

久高のろ

上　久高島の大御嶽
下　久高のろの入墨した手＊

久高島の大御嶽（おおうたき）

斎場御嶽（せーふぁーうたき）への道

この道の手前に拝所があり、昔はそこから先は女しか入れなかった。かつて国王の姉妹から選ばれる最高の女神官、聞得大君が島々村々から集まったノロたちを従えてこの道をふんでいった。

島尻にある斎場御嶽は、琉球王家の奉斎する祭場である。

琉球王は毎年２月と８月の真夜中、ここで天神地祇をまつり、
天地開闢の時、はじめて神々が降臨したという久高島を遥拝した。

籠（久高島にて）

竹富島にて

竹富島の道

ひざかりのひっそりした村。
石垣だけがけわしい（竹富島にて）。

竹富島の老女

古紅型のうちかけ（竹富島にて）

芭蕉の糸をつむぐ。

「何もないこと」の眩惑にみちた石垣島の拝所

「ああ、いい気分だ。生きかえった」なんて、まさに再生の告白だ。

ここから日本人独特の前道徳的道徳観念が生れてくる。いい加減ワルイことしたって、一《ひと》っ風呂《ぷろ》浴びてしまえば、何だか自分の方はさっぱり清まったような気になって、それ以上罪悪感は追っかけてこない。それから後のことは、また翌日の入浴まで、その日その日の風が爽やかに吹くというわけだ。

加害者がかくのごとくなれば、被害者も似たようなもの。ヒデエ目にあって、ええコンチクショウとくやしがっても、風呂にでも入ってしまえばケロリと恨みは洗い流される。まことに軽快な道徳感情である。

これにくらべると、西欧キリスト教国の人なんか、執念ぶかい。罪の意識は、生れたときから死ぬまでつきまとい、毎日毎日の己れの行動が、悔いと反省にみち、それをパーマネントに告白し、責めつづけて行かなければ神の思し召しにそわない。まったく異質な精神界である。

西欧精神と必死になって結びつこうと焦る日本の近代主義インテリたちは、こういう基本的な入浴行事あたりから、運命的な精神の位相を考えてみる必要があるだろう。そういう生活的なギャップをそのままにして、上っ皮だけつぎはぎしたところで、空虚である。

私の入浴文化説は、案外決定的な意味があるようだ。

大陸の人たちは一般に入浴好きではない。とりわけユダヤ人が風呂に入らないことは伝説的だ。こういう一口噺がある。ユダヤ人が、風呂屋に行った。彼はそこで下着をなくしてしまった。それから彼は久しく憤慨し、絶望していた。十数年たった。彼はまた風呂屋に行った。突然、喜びの声をあげた。「ああよかった。あの下着はちゃんと着てたんだ。」聞いただけでも頭にきちゃう。日本人にはとてもつきあえない。

原罪。つぐなうことのできない罪だとか悔恨なんていう、じっとりと隠された下着のようなしち面倒くさい深刻な世界観は、こういう人たちにこそふさわしい。これがキリスト教的道徳観の底にからんでいる。

われわれの周囲を見わたしたってそうだ。あまり風呂に入らない、つまりミソギしないようなやつらにかぎって、寝床に入ってからも考えこんだり自己反省して、不眠症になったりする。そこへ行くと、「オラア一日《いちんち》でも風呂にへえらねえと、気色がわるくってね」というようなミソギ派は、朝に夕にザブザブ流して、たまりようもない。ぐっすり寝こんでケンコーだ。

戦争責任論なんてものが、いくら歯ぎしりし、シャッチョコだちしても、絶望的にぼやけてしまう。どうも一般に肉体化しないのは、やっぱりミソギのせいだろう。

ちゅらかさの伝統

島には、ひろい世界への夢がある。それは伝統だ。すべてよいもの、驚きは晴ればれとひらけた海の彼方から送られてくる。水平線の向う、見えないひろがりに神秘と超現実の天地がある。神話はそれをギライカナイとよんだ。

だが恩恵ばかりではない。恐怖、災いも外からくる。台風、悪疫、外敵……。吉にせよ、凶にせよ、運命は波のうねりとともにこの小さい世界に迫ってくる。島のよろこびと悲しみの間には、いつでも海の水がひたひたと押しよせていた。

俗に島国根性という。日本人はよく、一種の負い目として、自嘲する。だがその運命を一だんと凝縮したような南海の島の人々には、意外にもそんな気配、狭さが感じられない。むしろ、大陸的といいたいのびやかさがある。

狭さ、ひろさということからいえば、今日、日本も沖縄もともに、素直に外に向ってひらかれている。むしろ大国といわれるアメリカやソ連、広大な大陸を占取する人々の考え方の方がはるかに狭量のようだ。われわれの負い目はむしろそれに対するコンプレックスではないか。頑なに己れの基準だけで他を律する閉された精神、ああいう無神経なほどの自己主張、自足は、とうていもちえない。いったい、われわれは立場を忘れて引きずり廻されるお人好しなのだろうか。……しかし、己れはまもらなければならない。

沖縄には「美《ちゅ》ら瘡《かさ》」という面白い言葉がある。天然痘のことだ。近ごろは病気自体がなくなったので、あまり使われないようだが。

どうして瘡が美しいのだろう。

折口信夫はこれについて、

「病いといえども（他界からくる神だから）一おうは讃め迎え、快く送り出す習しになっていたのである。……海の彼岸より遠来するものは、必ず善美なるものとして受け容れるのが、大なり小なり、われわれに持ち伝えた信じ方であった。」

と報告している。

適切な見方である。しかしそういう過ぎ去って行く神秘的なものに対する儀礼的な気分だけでは、この微妙な表現は解明しつくせない。もっと現実的な、一種のおそれをこめた弁証法的な表現がそこにある、と私は考えるのだ。

災いとか伝染病を美称でよぶのは、なるほど、ひどく矛盾のようだが、しかしかつての島の人には切実な意味があったに違いない。複雑な心情である。外からくるものはいつも力としてやってきて、このモノトニーの世界に爪あとをのこす。それはよし悪しを抜きにして「貴重」なのである。だから畏れ敬って一おう無条件にむかえる。

だが何といっても、これは天然痘なのだ。決して好ましい客ではない。この凶悪に対し、彼らは無防備なのである。卑しめたり、粗末に扱えばタタリがひどいだろう。なだめすかして、なるべくおとなしく引き取ってもらわなければならない。

恐ろしいからこそ大事にする。人間が自然の気まぐれに対して無力であった時代、災禍をもたらす力は神聖視された。〝凶なる神聖〟である。それは〝幸いなる神聖〟と表裏である。幸と不幸とがどこで断絶し、連続しているか、それが誰にわかるというのだろう。近代市民のように功利的に、吉と凶、善と悪、まるで白と黒のように、きっちり色分けして判断し処理することはできない。幸いはそのまま災いに転じ、災いは不断に幸いに隣りあわせしている。それはつねに転換し得る。

強烈に反撥し、対決してうち勝つなんていう危険な方法よりも、うやまい、奉り、巧みに価値転換して敬遠して行く。無防備な生活者の知恵であった。

私は現代沖縄の運命について考える。占領され、全島が基地化されている。ここはもはや沖縄であって沖縄ではない。当然それは民族にとっての言いようのない苦しみである。それは天然痘――もっと厄介である。残酷な実情について私たちはすでにいろいろ聞いている。反抗はもちろんある。たとえば先頃のアイク訪問の際、三十センチ間隔にずらりと着剣して構えたカービン銃の威嚇の前で、デモをかけた。そのような近代意識の上に立った政治行動は、現代沖縄の傷口の端的な叫びである。しかし、にもかかわらず多くの沖縄人の、あのやわらかい表情、運命的力に対して恭順に、無抵抗に見える態度の底には、チュラカサの伝統、災いをいんぎんに扱って送り出してしまうという、辛抱強い護身術が働いているのではないか。

*

一夜、インターナショナル・ウィメンズ・クラブという琉米親善機関のパーティにさそわれた。民政府の裏側、那覇の町と港のきらめく灯を見おろす小高い丘の上に、その名もハーバーヴューというクラブハウスがある。ホールには、もうアメリカ人、沖縄人が入りまじり、思い思いのテーブルについて、アトラクションがはじまっていた。クラブというよりキャバレーといった感じである。人々は自由に席をたち、間を縫って会話していた。

ひどく楽しげ。女の人たちもおうように、しかし軽やかな身ごなしでこのパーティの気分を柔かくもりあげている。日本のこういう場所で見られるような、控え目の固苦しさ、何か背筋をきゅっとシャッチョコばらした緊張がみじんもない。うちとけた雰囲気だ。

　そんな中に小肥りの男が、沖縄人特有の、ややそり身に身体全体で調子をとるような歩き方で威勢よくホールに入ってくる。二、三歩あとから、中年の奥さんがチョコチョコと前こごみで、何かはじめてこんな社交の席に出てきた、という風についてくるのだが、そんなのも、かえってほほ笑ましくあたりの雰囲気にとけこんでしまう。

　次から次へと民政府や軍のお偉方に紹介された。その度に、きまって相手はさっと名刺を差し出す。コレハひどく日本的だ、と思いながら、見ると全部が型どおりの縦位置で、肩書は漢字、名前は片仮名で刷ってある。

　私が日本からきた芸術家だと聞くと、みんな嬉しい事件にでもぶつかったように、目を見ひらいて熱心に話しかけてくる。心からうちとけたほほ笑み、屈たくのない物腰、世にこれほどチャーミングな人たちはないと思われる。

　これは私のような飛び入りばかりではない。あたりはさらに陽気である。このクラブじゅう至るところに、明るい笑いが色とりどりの花のようにひらいている。私はいささか気をぬかれた。ここには征服者と被征服者がいる。そのはずだ。だがそういう暗い断絶の面はどこに見られるというのだろう。背の高いアメリカ人が、沖縄の人の姿勢に合せるために身をかがめている。沖縄人の方が自然にふるまっているようだ。

卑屈にならなければならない運命の人たちのおうようさ、これは嬉しい。「あんたたちは俺の家に来てるんだ。利用してるのはつまりあんたたちじゃないか」と、素直に見ぬいているよう。といって別に意地悪い気分ではない。財産もない、野心も持たないでサバサバしている人間の、逆の優越感が見うけられる。いつでも素っ裸で自然。沖縄人がながい間、被圧迫の悪条件のもとで、しかも充実して生きてきた、ぎりぎりでありながら楽天的な生活哲学なのだろう。

しかし見事な親善風景を眺めながら、当然の疑問は、このような貴族同士の社交とはまったく無関係に、町に港に、山野に、浜辺に、そして基地にうごめいて、最も屈辱的に生き耐えている人々のことだ。そこには、いったい、どういう琉米親善の可能性があるのか。わずかしかない耕地の半分もが、基地に接収されている。しかもなおそれは拡張されつつあるのだ。自分の土地から追われた人たち。

現に中部で、千三百万ドルを投じて、海兵隊の基地建設が進行中だった。その付近を車で走ってみたが、案内の人が「あっ」とスットンキョウな声をたてた。「ついこの間まで、ここは山だったんですが」と呆れていた。山なんかどこにもない。削りとられた巨大な傷ロ。真赤な土のひろがりが、えんえんと伸び、海岸に向ってもりあげられ、押し出され、その果ての真青な海の上にのしかかっている。真黄色のトラクター、クレーンが点々と捨てられたように置いてある。人影もない。機械力で山を崩し、凹みを埋め、見わたすかぎりの軍用地を作ってしまう。馬鹿馬鹿しいような力とスピード——威圧感である。

そうやって整備された土地に、やがて青々とした芝生がしきつめられ、モダーンな住宅群がならびたつ。鉄柵をはりめぐらし、その内側だけに草花が香り高く咲き誇っている。ここはいったい何処のお国か、というような晴れ晴れしい風景が展開するのだ。

一方、追い出された側は、粗末な板屋にごちゃごちゃとより集まっている。手あたり次第、板きれや流木を拾ってきてぶつけあわせたような、住居というよりも巣といった方がいい。そんなバラックを作ってもぐり込むのだ。あまりにも残酷に対照的である。

殿様のようにふるまっているアメリカ人。そして政治、経済、法律的に徹底的に、支配のタガをはめられ、しかも基地収入によって生きるほかない人たち。

軍相手では、裁判権もない。賃金の不平等も想像をこえる。沖縄人労務者の二日分の賃金が、アメリカ人の一時間にあたるという。

このような落差の場所に、どんな交流があり得るというのだろう。巨大な富と機械力によって、山をも平らにしてしまった、あの基地のように、沖縄人は圧倒され、整地されてしまっているのだろうか。

私は滞在中、いろいろ聞いてみたのだが、相互はまるで不良導体であるかのように、絶縁されているようだった。民衆は占領者に対して不思議なほど無関心である。アメリカに給費留学したある若いインテリの言葉は象徴的だった。

「ただ彼らは金を持ってるな、っていうだけのことですよ。」

あっさりしたものだ。

この島を熱っぽく埋める、あの厚い層に食い込まないで、琉米親善はない。しかしこれは本質的に無理な注文なのであろう。

私はいま目の前に展開している、いわば作りあげられた見事なシーンを眺めながら、ただ奇異な感じにうたれる。この場所だけに限るなら、隔てなく和やかにうちとけている、この事実は認めなければならない。これは占領政策の転換によって強調されてきた「琉米親善」、アメリカの意志による交流である。だが政策であり、努力であるということを、まるで感じさせないほど人間的な、明るい肌ざわりなのだ。アメリカ人の、個人個人の持っている無邪気さ、素朴な誠実が、沖縄人の善良さとうまくかみあっているという感じだった。

私は居あわせた沖縄の人にいった。「実になごやかで、うまくいってますねえ。」

すると彼は、

「本当にそうです。」

と、人がよさそうにほほ笑んで、ふともらした。

「しかし、……彼らは、すこし琉米親善をいいすぎる。」

心の中に漠然ともちつづけていた不透明な重みみたいなものが、瞬間にとけるのを感じて、私はわらってしまった。

「チュラカサ」という言葉が、ふっと浮かんできたのである。

考えてみれば、「美《ちゅ》ら瘡《かさ》」は日本の伝統でもある。近代日本は富国強兵、世界の一等国にのし上がろうなんて、ひどく無理してファイトをもやしたが、一方、この島国の文明開化にはチュラカサ精神がみちている。

たとえば鹿鳴館。条約改正の悲願など、いろいろの動機はあったろうが、一種の厄病おくりの切実なお祭りだった、という新解釈は成り立たないだろうか。実際、われわれの祖父《じい》さん祖母《ばあ》さんは、ずいぶん一生けんめいにステップをふんだものだ。

危機感、抵抗のピリピリした防御本能が働いている間は、鹿鳴館精神も賢明な手段であったろう。しかしそれが鈍り、なれてしまうと、やがてだらしのない植民地風景になってくる。近代日本のカリカチュアーの一面である。そしてそれは今日なお続いている。

近代資本主義の集中化、そのインターナショナルな編成が高度に進むにつれて、種族防禦のモチーフはにぶってくる。そんなものを感じなくなった人間が、支配層をしめるのだ。ところが、そういう意味では水準の低い、遅れた沖縄には、まだ防禦本能がなまなましく働いている。だから外からの災厄、カサは「美《ちゅ》ら」として、言いようのない矛盾のバランスにおいて、辛抱強く、ほほ笑ましく操作されているのだ。そう私は見てとったのだが、これはひどく甘い見方だろうか。

結語

さて、私の沖縄旅行も終るのだが、この南の素っ裸の島から、遠くふりかえってみると、私は「日本」を深い歴史の層の下から、あらためて再発見する思いだった。目がさめたとき、あたりが不意に新しい世界のようにうつる、あの清々しさである。日本全体も、本当はこのように素っ裸なのだ。

私は沖縄を見るまでは、日本文化の上っ皮にかぶせられたデコレーションに、やはり煩わされていたようだ。そう思う。だが、いつでもその深みに感じつづけていたもの、その実体がここではカラッと透明な光の中にむき出されている。

この南の島々を通して日本文化が展開して行ったのか、あるいは古代日本がふくらみ、あふれ出て、ここに定着し、日本自体が変貌して行ったあとも、ここにはかつての純粋な姿が残ったのか。——いろいろと解明しなければならない問題は残っている。しかし、何か日本のエッセンスがここに生きている。われわれの生活の根源的感動にふれることができる、この実感は疑いようがない。

われわれは世界に対して日本文化を主張し、東洋の伝統を誇ろうとする。文明開化以来、圧倒的に侵入してきた西欧文化に対してのリアクションとして、それは心理的必然であったろう。しかし西洋に対する東洋、そんな図式で割り切る空虚さはどうにもならない。われわれは自己主張、自己発見のポイントとして、あまりにも「東洋」という観念、そしてそれを土台とした「日本文化」というレッテル、お体裁にこだわりすぎたようだ。東洋文化圏をかざしたり、「アジアは一つなり」なんて根拠のない迷文句が、われわれの根源にあるエネルギーを見あやまらせてしまった。それをまた裏返しにした、近ごろの欧米式民主主義、ヒューマニズム一辺倒にもその危険はある。

もっと素肌の肌理《きめ》、その切実な感動を、自信をもって押し出すべきではないのか。私は極論したい。沖縄・日本をひっくるめて、この文化は東洋文化ではないということだ。地理的にはアジアだが、アジア大陸の運命はしょっていない。むしろ太平洋の島嶼文化と考えるべきである。（しかし、いわゆるオセアニア文化でもない。八重山群島など、沖縄本島よりもはるかに台湾に近く、晴れた日には手にとるように対岸が見える。しかも緯度は、台北よりも南にある。ところが台湾の土民がマライシア文化圏の相貌をかなり純粋に伝えているのに対して、それとも断絶している。沖縄・日本は太平洋の中でもひどく独自な文化圏である。）

貧しい島々の生活と、アジア大陸の強大な帝国の、豪華とリファインを誇る、いわゆる高度な文化、あのギョウギョウしいものとはまったく次元がちがう。ともに文化とは呼ぶが、くらべるべきカテゴリーではない。その問題をすりかえず、断絶面こそ正視すべきだと思う。

沖縄なんか、本島でも海の見えない村はない。島尻にたった一ヵ村、陸地に囲まれた村があるといって、自慢しているような可憐な世界だ。ちょっとしたところに登れば、島の両側に西と東の二つの海が白波をたてて迫っているのが見えてしまう。かなりの山もあるが、足をのばせばすぐ裏側から眺められる。隠されたものはない。

この自然の中で、生活感情もまったく同質である。雨につけ風につけ、人々の顔も心も、同じように曇り、また晴れる。そこに致命的な喰いちがい、理解をこえる影はない。だからお互いにひどく解りがいい。声荒々しく説得したり、矛盾をのりこえるためのシチメンドクサイ思想が生まれる余地はない。いわゆる無思想性の伝統は、こういうところからもきているのだろう。この同質的世界では、外から侵入してくるあらゆる異質の文化も、克服すべき対立者ではなく、いんぎんに、まつりあげてしまうのである。こういう性情は、多少のニュアンスの差はあっても、日本にぴたりと当てはまるはずだ。……アレヨアレヨという間に、髪の毛を真赤に染めちゃったり、ロカビリー調で国境をふきとばしてしまったりするのは、そのあらわれの末端である。

さらに、この列島を宿命的に襲ってくる災害がある。近ごろだってさんざんな目にあっているが、われわれのところに吹いてくるうるさい風は、ほとんど沖縄あたりを一なめしてから、九州か四国にあがり、日本列島をレールの上をはしるように通りぬけて消える。何万年もああいうふうに、同じ風に吹きとばされてる運命。それが一つの共通した性格を形成するのは当然だろう。

島の人たちはそのたびごとに、とばされ、流され、それこそ生活の土台から一掃されてしまう。スッテンテン。そのはらい清められてしまったあとから、いつも出直し、再生して行く。

すでに私はこの沖縄論のはじめに、その素肌の美しさ、さらさらと凝滞なく流れる悠久の時間について言った。また原始宗教の項ではたとえようのない清浄感を報告した。このような生活感情を土台にした文化は、逆にひどく無邪気である。悔いとか恨みの、しめっぽい影はない。素朴のようだが、鋭くたくましい。切実な生命力を端的に伝えている。物に対する執念、物として永らえようなんて考えはない。考えようがなかったのだ。サバサバした人生観である。

人々は久しく、厳しい搾取と貧困にたえながら、明朗さをもちつづけた。こだわらない。だが投げやりではない。呆れるほど勤勉に、せっせと働く。根こそぎされたら、また作りはじめる。とばされた屋根は、また適当に拾ってきてのっけておく、といった具合。また次の台風までもてばいいというような、こだわらない建て方である。そのようにして民衆は永遠を生きぬき、生きついできた。

　現代日本人の気分にも、それはある。俗に淡白、思いきりのよさ、諦めといっているけれども。祖先からこういう因果の中に生きついできた、一種の反射運動であり、運命観ではないか。

〝火事は江戸の華〟なんて、シャレた文句だ。何度大火にあってもこりず、また狭い場所にひしめきあって家を建てる。それも、ちょうどタキギを積みあげて、さあどうぞ焼いてくださいというような具合である。今度火が出たら、どんなことになるんだろう、なんて誰でもがこの間にあわせのやり方を他人《ひと》事のように慨歎する。日本人の非論理性、無計画性、非近代性だ、などと解ったようなコウシャクをする人もいるが、そんなのをひっくるめてその中で住んでいる。何という平気さ。

およそオウヨウではないのに、不思議に物にこだわらない。これは伝統である。別な言い方をすれば、物の重さに耐える粘り強さがない。物を土台とした文明に対して、何か違和感がある。それはこのような民族の肌あいだ。

中国など、広大な地域にまたがった大陸文化はまったく異質である。無限の平原、その涯に天空を遮ってそびえたつ山々がある。さらにその彼方には、限りない神秘の世界がよこたわっているのだ。秩序は意志によって、己れの境界をのり超えることによってしか成り立たない。周辺のさまざまの小帝国、無数の山ひだに住む異民族を征服し、富を吸収し、権力の上に築かれた強大な宇宙である。そのデスポチスムはあらゆる異質、渾沌を組織し、権威的に統御する。それに裏づけられた文化・思想は、偏執的に重厚である。ケンラン、豪華、富と力を誇り、それによって永らえる意志が強力に貫かれている。

日本の過去の文化として、われわれが世界に誇示するようなもの。歴史の表層に凝固し、結晶としてみがきあげられた精華を見れば、たしかにそのような大陸文化の一環であろう。その意味で今日までの歴史は、朝鮮・中国との関係ばかりに考察の重点をおき、東洋文化圏の東限として日本を考えていた。

われわれは法隆寺を誇り、仏像・仏画を誇る。だがこれらはむしろ、古代中国の文化遺産ではないか。……はたして、そういう寺や仏像に、われわれは神経の末端まで納得しているかどうか。

それを価値として、評価し、感心している。また自分にない力だからこそ憧れる。それを何か己れの情熱、生活感動の底に流れているものと、とりちがえてしまってはいないだろうか。

あのような伝統観は明治時代に、官僚・学者が西欧のギリシャ・ローマの伝統、その体系に対抗するため、それまで顧られなかった寺や仏像を、埃をはたいてひっぱり出してきて、急ごしらえしたアカデミズムだ。以来、それをまるで疑問の余地のない正しい系図であるかのように、権威的に押しつけている。何か物があり、ミガキがかかっていたりする。数千年の風雪にたえ、遺跡として残っていたり、あるいは博物館のガラス・ケースの陳列物だったりすると、そんなものだけが文化の名に価いするときめてかかる。そして現代は逆にその重みによって稀薄化され、スポイルされ、恨みがましいような悔いのポーズを強いられる。

明治以来、奇妙に西欧的な文化意識に目ざめ、日本にもこんなものがあるぞ、と対抗的にもち出した。向うの価値観で自分の方を作りあげてしまったのだ。日本の文化史とか美術史とかいうものは、まことにそのようにして作りあげられた、つまり西欧文化の影にすぎない。「物」とか「ある」という前提にたって対立させては、日本文化の本質は捉えられないと思う。もしこれから逞しい日本文化を押し出して行くのに、体系が必要だというなら、もう一ぺんバラバラにもどしてしまって、こちらの生き方の土台、その実体の上から、再構築すべきである。私はかなり以前から、えせアカデミズムの体系に対する疑問も含めて、技術的に、「奈良の仏像ニセモノ論」を書こうと考えているのだが。

実際、第三者の率直な眼から見たら、誰にだってあれらのスタイルは「日本」から浮いてみえるに違いない。ちょうど私がユードレや霊御殿《たまうどん》で、中国・朝鮮・日本からそのまま受けついだ形式にふれ、よく出来てはいるが、本来的でないよそよそしさを感じとったように。

文化とは何だろう。土地の風土によって盛りあがり崩れる岩石や、その養分と空気を吸って生い育つ植物のような、根をはったものが本当だと考える。「クルチュラ」という語源のとおり、その土地を耕すことによって生成するもの、それがさまざまの外的条件を吸収し、また排除して、逞しくふくれあがってくる。

その土壌とは、民衆の生活以外にはない。自分のところに吹く風。自分のところにわきあがる水。そののっぴきならない独自の生命のエキスプレッションとして伸びあがり、花ひらくのである。やがて貴族や特権層によって、形式の洗練をほどこされ、余剰の富と力の象徴、虚飾的な美となる。いわゆる高度な文化を誇ることになるわけだ。

　ところが日本の過去の文化の多くは、大陸で凝結した珠玉が、そのまま移されたものであり、またその巧みなアプリケーションである。この太平洋の島々の民衆が、自分たちのパティキュラーな条件を土台に出発し、イマジネーションを結晶させたものとはいえないのである。この土地で、ここでなければ出来ない、日本だからこそこれを生んだというものがどれだけあるだろう。もちろん、日本にだって沖縄にだって、そういう盛りあがりがあったはずだ。たしかに文学、演劇、建築などの一部に、ぎりぎりの表情を見ることはできる。だが感動の多くは、今日でも、厚い地層の下に伸びきらないままで埋もれている。それがふくらみ、高度に洗練され、結晶される、熟成の機会をもたなかった。いつでも、外からくるものの方がいいんだ、と思ってしまったのだ。

　この文化のメカニズムは、出前の料理のようなもの。手持ちの材料で、苦労して何か作りあげようとしている。まだ煮つまらないうちに、よそからおいしそうな匂いをたてたのが届いた。上等の中華料理だ。びっくりするほどうまいし、豪勢である。……となれば、不細工な手料理の方は放り出して、そっちに飛びつくのが、まあ人情の当然といえるかもしれない。食い意地の場合は、それで済む。しかし文化となると、そこに身にそぐわない後味がのこる。

　しかもそれはいつでも貴族、特権者だけがありついた御馳走だった。一般民衆の腹はいつも空っぽ。実際、つい先頃まで庶民生活は余剰なものは何一つない、空っ風が吹きとおるような暮しであった。庶民は常に太平洋の孤島の運命をつづけていた。今日なお、ほんの上っ面にかぶった、モナカの皮みたいなものを除けば、精神の実体は依然として素っ裸だ。

それは沖縄の庶民生活と、まったく同質なのだ。ここの生活にふれると、それがちょうどレントゲンの透視を見るように、すけて見えてくる。

日本の近世には、この貧しさに対応した、「わび、さび」の文化が生まれた。それは禅の思想、無の契機をバックボーンにして、あたかも貧しさの素肌に徹しているかのようだ。そしてこれこそ日本の生地だと、自他ともに考えがちである。だが私には、ひどく奇妙に思える。

空の教義、虚無の哲学というような東洋の思想は、先ほどもいったような大陸の厚みのある文化を背景に、厖大な人間的な物の重みが前提になっている。その否定として深められ、高められた。その精神は貴族的であり、また貴族によって伝承された文化である。禅が日本の貴族、インテリにはあれだけ力を及ぼしたのに、庶民層には滲透しなかったし、沖縄では仏教自体がついに根をおろさなかった。このはじめっから何もない天地で、今さら、「物への執念を断て」「一切は空だ」なんていったって、シャレにもならないのである。

日本インテリは伝統的に奇妙なポーズをとりつづけた。受け売りの本家本元には正対できなかったし、また素っ裸な日本の現実にも正対しない。その中間にあって、バランスをとるために、斜めのポジションをしいられる。その逃げ腰が「わび、さび」の美学に出ている。重厚な大陸文化に結局は追いつけない、欲求不満の貴族趣味であり、文字どおり斜《しゃ》にかまえた気どりにすぎない。現実的抵抗もないのに否定のポーズだけとってみたところで空虚なのである。ああいう発想が、何となくゆがんだ気配、すっきりしない暗さを感じさせるのは、そのためだと思う。あんなしめっぽさはピープルのものではない。中間層の優越と劣等のコンプレックスのからみあった暗さだ。民衆はどんなに苦しくとも、その本質において明朗であり、透明なのだ。

断わっておくが、私はなにもここで毛色の変った民族主義をとなえ、原始日本にかえれといってるのではない、今日、歴史は急速に前進するだけだ。世界はますます合理的に組織され、近代的にステレオタイプ化されるだろう。そういう拡大にともなって、一方にパティキュラーな条件、われわれのうちにある生活の初源的な感動は抑圧されてしまう。しかしそれは一種の孤独感として、われわれの内部に逆に深まり強まって行くにちがいない。

われわれが遠く捨て去り、忘れてしまったはずの本来的な生活の肌理《きめ》が、意識下の奥底に生きている。一種のキョラカな呪術のように、われわれを縛りつづけるのだ。そしてそれが何らかの機会、たとえば芸術の表現によってむき出しにされたとき、われわれは不意に、言いようのない親近感をおぼえる。それは生甲斐だからだ。

*

霊御殿の正面入口はびっしりと石でふさがれていた。案内する人のあとをついて、わきの崩れた石垣をよじのぼって行く。五、六メートルもある外壁の高みに立つと、そこには風が爽やかに吹いていて、明るく晴れわたった首里一帯がながめわたせる。この丘陵は、沖縄戦破壊のあとをまだそのままにとどめて、白っぽく崩れたひろがりの中に、再建された守礼の門だけが、あざやかに陽をてりかえしていた。

見おろすと、そこはかなりひろびろとした中庭になっていて、雑草の茂みが、いっぱいの午後の陽を吸いこんでいる。十二、三の少年が一人、この禁制の無人の世界にうずくまって、何か探すようにあちこちしている。静けさと神秘がふと凝縮される。

石垣の上を伝って、石室の肩のあたりに出た。足もとに、優美な植物文様の彫刻をほどこした破風がなかば瓦礫に埋もれて横たわっていた。そこからまた内側の崩れめを、足場を探しながらおりた。かつて、沖縄石造芸術の粋といわれ、豪華、森厳だった王墓、いまは見るかげもない。ふりあおぐとそれは陽光を背に黒々とそびえて、巨大なムクロを思わせる。運命、そして自然の力は、墓場をも葬り去って行く。

壇の上にレリーフのある石板や柱のかけらが立てかけてある。砲撃で砕け散ったのを無造作によせ集めたもののようだ。多くが中国風の怪獣、霊鳥をモチーフにしている。別に傑作とはいえないが、何かほほ笑ましく、厚みのある石彫である。

気がつくと、先程の少年が位置をかえて、足もとの石段の近くに来ている。何をしているのか聞いてみると、母親の病気に効くヒラハグサという薬草を探しているのだそうだ。いよいよ古い昔の話の世界にとざされて行くような気分になった。

荒廃した石の沈黙。私はうつろな思いでしばらく広庭をぐるぐると歩きまわった。足もとの草むらに、小さな石板がころがっている。およそ三十センチ角ぐらい。拾いあげてみると、見事な獅子の浮き彫りがしてある。こいつはいい。石室の前に寄せてあるものとくらべても、一だんと優れて気格がある。

終戦後、十数年もたつというのに、まだこんなもの、落してある。これは明らかに捨ててある状態だ。手頃な大きさだ。拾って行こうか、とふと思った。ちょうど写真の鞄をもっている。その中にすっぽり入ってしまう。

このまま放っておいたら、いずれは土中に埋もれてしまうか、アメリカ兵かなんか、まるで値打の解らない人間がいたずら半分に持って行ってしまうだろう。ユードレの石棺の屋根についていた彫刻を、米兵が欠いて記念に持ち去ったという話も頭をかすめた。そのくらいなら、オレが保管した方が、文化の名において正しいんじゃないか……。なんて都合のいい理窟が首をもたげる。このハンディな宝物を手にして、私はいささか悩んだ。

しかし一方私はひどくおっくうなのである。物を所有するということの重さ。一種の不潔さ。——私にはコレクション癖はない。どんなに惹かれるものでも、自分のものにしたとたんに、それ自体の新鮮な魅力を失う。一度だけ、本当にぶつかればいいのだ。自分で持ってたってしようがない。このまま埋もれるならば、埋もれさすべきだ。こんなものが落してほうり出してある、そういう沖縄に殉じさせるべきだ。

そう思って私はキッパリとそのまま置いてきた。だが何となく、自分自身に対して面白くないのである。あの物自体はさほど惜しくない。しかし、あんなチャンスにさえ持ってくることのできない、一種のバカバカしい羞恥感。機にのぞんでマメでない、己れの怠慢さがどうもシャクにさわってしようがない。

文化財保護委員の人に会った機会に、ヤッキになってその獅子の話をした。「あんなことしとくんなら、僕が持ってっちゃいますよ」とオドカシた。ところが、「へえー、そんなものが落ちていましたか。どうも……」なんて、相手はいささかも動じない。こっちの方が気ぬけして、さすが沖縄、と逆に妙な感心の仕方をしてしまった。

沖縄を離れる日、ちょうど真昼、天地は一段と輝いていた。透明な光の中に、旅客機はまた一すじの光のように飛びたった。

大地がグングン引き離され、那覇の飛行場、市街、港、みるみる視界はひろがって、やがて白波に飾られた島全体がきらめく海の中に浮んだ。緑の山が連なり、それを縁どって、つい昨日まで車で走りまわっていた海辺の道がくねくねとうねっている。スーッと、うすい紗のようなガスがかかる。やがて島のシルエットがキラキラと拡散した光の中にとけこんでしまう。

私の沖縄旅行はこれで終った。短い滞在だったが、身体全体がふくれあがるような日々だった。ふれるものすべてに問題を発見し、ぎりぎり集中して行った。しかしそのように思いつめていた自分が、いま、ふっと解き放たれる。ひどく気軽な気分になった。

機内を見わたした。そして、おやおやと思った。小商人やビジネスマン風。皆さん、大変俗っぽい。物腰。眼つき。およそ、私が夢みつづけてきた「沖縄―日本」のイメージとは無縁な顔ばかりだ。世の中はまったく別なところで動いているわけだ。あたり前のことだが。

私はひとりで笑ってしまった。いままでふれてきた沖縄も、自分も、ひどく無邪気に、ユーモラスに感じられたのだ。

もう一度、私は南の清らかな海のひろがり、その明るさを胸に描いた。

浜辺で、猫の子が無心にジャレている。――そんな、とっぴょうしもないイメージが浮んできた。

私は愉快になってしまった。

こいつみたいだったんだな、俺は。

いつか、口の中でつぶやいていた。

――南の島の砂浜で、仔猫が二匹、遊んでた。

海の塩は、カラかった……

あとがき

現代文化について考える場合、われわれの意識はいつでも外にひろく開かれている。そして芸術の上ではニューヨーク、パリなどが焦点として浮び出る。私自身も、やはりそういうひろがりの方を凝視するのだが、しかし、にもかかわらず、一方肉体にひそんだ情熱は、かえって日本の内側——むしろ閉され、忘れさられ、現代生活の外に押しやられている、原型のようなものにひきつけられる。

その意味で、私は久しい間、沖縄をたしかめたいと思っていた。沖縄は軍政下にある。何かのチャンスがなければ、たやすくは行けない。

しかし心の深みで夢をつなぎとめていた。一九五九年十一月から十二月にかけて、わずかな期間だったけれども、この分厚い、輝く南の島々にとびこみ、ふれることができた。

私はこの報告によって、人間の純粋な生き方というものがどんなに神秘であるか、その手ごたえを伝えたかった。それは生きている自分の土台をたしかめる情熱でもある。人はどういうか知らない。私はとことんまで自分をつっぱなして書いたつもりだ。

この神秘。私がここでぶつかったのは、はからずも日本の神秘だった。

ほかにも言いのこしたこと、発展させたかった問題がいろいろある。たとえば宗教と政治の関わり。祭り。死の問題。独特な葬制。……等々。しかし何よりも全体の流れ、透明な感動の純一性を捉えたかったので、直接スジにかかわってこないことは思いきって切り捨てた。

それにしても、沖縄の魅力にひきこまれ、私はほとんど一年近くもこの仕事にうちこんでしまった。それは私にとって、一つの恋のようなものだった。一九六〇年三月号から十二月号まで、『中央公論』誌上に連載したが、どの位の分量で、いつ結末がつくか、自分の情熱のふくらみをはかることができなかった。編集部としても厄介な執筆者だったにちがいない。だが編集長の竹森清、担当の塙嘉彦両氏は、この我儘な仕事ぶりをすこしもいとわず、大いに私をけしかけてくれた。これだけまとめられたのは、両氏の熱意のおかげである。なお口絵レイアウトは出版部の井上太郎氏である。

最後に、沖縄の友、当山堅次、平良進、大城皓也氏らの友情に深く感謝する。

一九六一年一月

岡本太郎

増補

神々の島　久高島

今回のイザイホーは一九六六年十二月二十六日から五日間おこなわれた

数寄屋橋公園にモニュメント「若い時計台」を作った。情熱をぶつけた数ヵ月。ぎりぎりでまにあった除幕式が終わった直後、もう沖縄に向かって飛んでいる。われながら奇妙な気分である。

ここを訪れるのは七年ぶりである。

最初の時の感動はなまなましかった。……いつでもそうなのだが、はじめての天地には神秘がある。心が驚き、おどり、夢がすべてにひらく思いだ。未知の風物でありながら、ふれるよろこびのなかに、自分の根源にめぐりあうような、いいようのない生命のノスタルジアをおぼえるのだ。

ところで今度はすでに思い出の濃い土地だ。懐しい。だがこの方の郷愁は、はっきりと

コザの街にて

首里にて

宮古の港にて

上　エラブ鰻を見る少女（久高島にて）
下　店先の子どもたち（金武にて）

打ち上げられたイルカと少年

那覇の市場にて

那覇の街頭にて

イザイホーの神事。こんど神人になる女たちは
髪をたらして、やや緊張した表情。＊

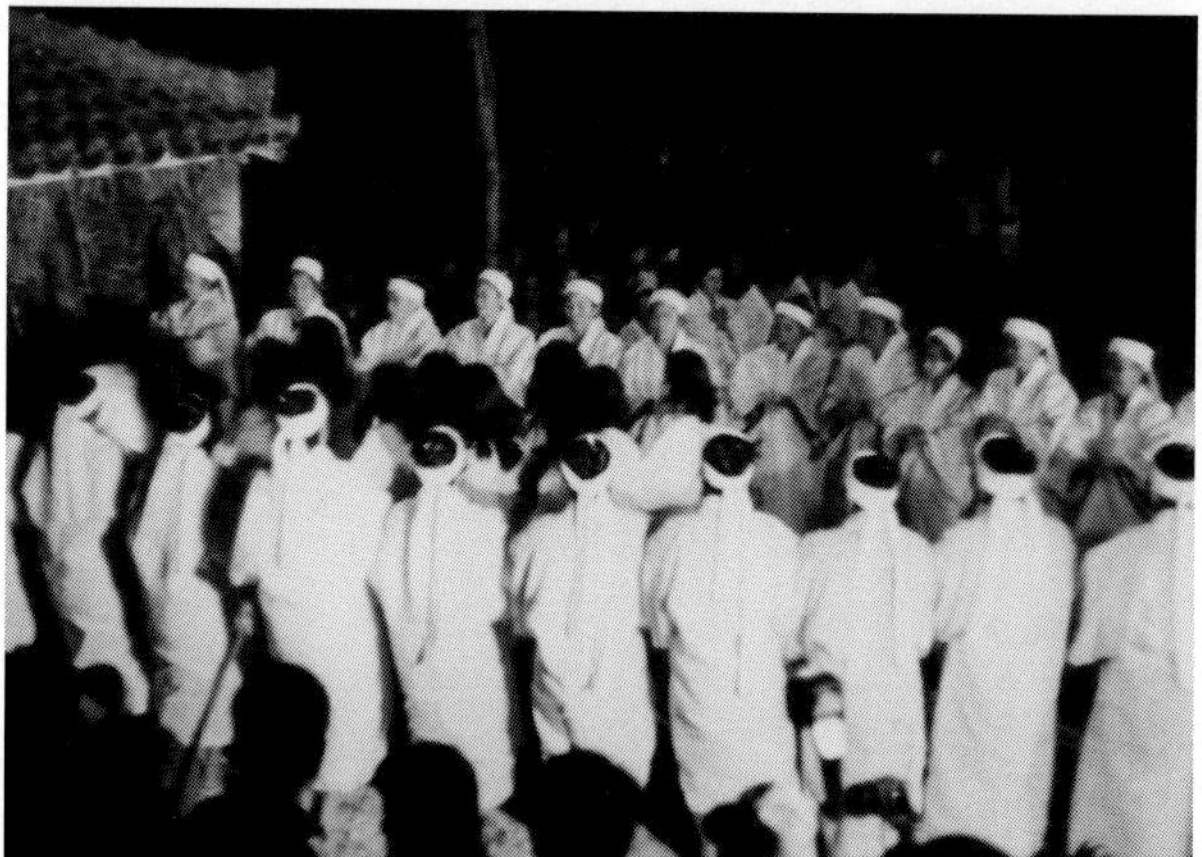

夜になってアシャギ家に入っていく神人たち

もう年老いて神事に参加しない婆さんたちは、タモト神と呼ばれ、神アシャギの前に坐って後見。

朝、神アシャギの前で祈りを捧げる島の女

久高島にて
〔髪を結い、イザイホーの身支度をする女性〕

花さし遊びを終え、静かにイザイ山へ引き上げる神人たち

神人になった印に、額に紅をさす。

上　イザイホーが行われる神アシャギ＊
下　ムートヤー（本家・村の中心）の拝所＊

竿取神（そうれえがなし）を祭る神棚＊

久高の清らかな浜。舟は波濤に踊りながら、ささやかな桟橋につく。

撮影　著者
所蔵　川崎市岡本太郎美術館（＊印を除く）
レイアウト　中央公論新社デザイン室

枠どられている。なにか、自分の肌にふれてゆくというような、親しみと同時にかすかな絶望感がないではない。

夕闇の那覇空港に着く。この前も夜だった。エメラルドに輝く海のまっただ中の沖縄に着きたかったのだが。羽田出発が遅れて、やはり暗くなってしまった。この夜、十二月二十四日。クリスマス・イヴである。

今度の旅行の目的は二十六日から五日間行なわれる「イザイホー」を見ることだ。沖縄本島の東南、海上三浬《かいり》（約五・五キロ）の小島、「久高島」で、十二年目に一度、午年《うまどし》ごとに行なわれる神事である。これは島の女性が神人の資格を得るイニシエーション（入門式）、島々全体に古代的信仰が濃く残っている沖縄でも、厳粛で神秘的な儀式として知られている。

かつてここを平常の陽のもとに訪れたのだが。島全体の浄《きよ》らかな印象、そして御嶽《うたき》の静寂な神聖感にうたれた。その感動はすでに「神と木と石」に詳しく報告した。今度は別な期待と目的に挑むのである。とりわけ情熱をおぼえるのは、これらが日本の根源的信仰、伊勢、熊野などとつながっており、本来同質であると信じるからだ。

濡れた夜の町に、風が吹き、不意にバラバラと降ってきたりする。政府のビルの屋上に、案外ささやかだが、色とりどりの電飾《ネオン》に光ったクリスマスツリーが夜目にあざやかだった。

私は思った。この占領下にある沖縄の、クリスマス・イヴ。十万人以上と伝えられる米軍、その家族、そしてわずか四十八時間の休戦期間を楽しむベトナム帰休兵たちが祝う聖夜。

そして沖縄本島のすぐそばの小島。闇にとざされた、まことにささやかな久高島の古代信仰。そこでもいま祭りの日を迎えようと、神聖な備えに緊張しているのだ。

この不思議なコントラスト。ふと愉快になってしまう。それはまた日本、沖縄の運命のなにかを象徴しているようでもある。

夕食に招かれたハーバーヴュー・クラブに出かける。ここは米国民政府・シビリアンのメンバー制だ。沖縄の有力者も会員に含まれているが、今宵の賑わいはどんなだろう。だがいってみると、ほとんど沖縄や内地の人ばかり。隅のテーブルに一人ぼっちの若いアメリカ人が、ひっそりと食事をしているだけである。「いつもはアメリカ人とわれわれと半々くらいですがね。今夜、連中は家庭でクリスマスをやっているんでしょう」ということだった。

夜ふけて、「波の上」のAサイン街に車を走らせてみる。波の上は由緒ある「辻」の遊廓のあと。那覇でも最も古い遊びの街だったが、戦後はさびれて、「松の下」など高級料亭が数軒あるだけ。あたりは暗い静けさに包まれた一郭だった。ところが今は横文字のネオンがギラギラ光る基地の街に変貌している。ベトナム戦以来、ここにもまた新しく米軍兵士相手のバー、キャバレーなど、いわゆるAサインの店が密集したのだ。

ここに、前線から帰休した戦闘服のままの米兵の群れがあふれていた。カーキ色のサックを肩にひっかけ、色電気に照らしだされた戸口を出たり入ったり。肌が雨に濡れて、光る。

全体が異様に酔っぱらって、黒々とうごめいている。中には車にぶつかってくるのではないかと思われる、激しい一団もある。よく見ると、子供っぽい、若い顔ばかりなのに……。眼を輝かせ、高い声で笑い、どなっている。悲しいような、うれしいような。征服者の群れだ。しかしなにか痛々しい。

今日、白日の世界で、戦争を本気で信じている人間がいるだろうか。

この日、各軍用桟橋に輸送船が兵隊を満載して入った。車が間に合わず、那覇軍港はいうまでもなく、市の東北三十キロもあるホワイトビーチあたりから、待ちきれない兵隊たちがぞろぞろと、夜の灯に向かって行軍したと聞く。

沖縄勤務の連中は軍服のまま飲みにくることはほとんどないそうだが、泥沼の戦線からの束の間の休暇、またすぐ戻らなければならない兵隊には、そんな余裕はないのだ。

このあと、島の中部にある巨大な基地の町コザ、はっきり色わけされた白人の街、黒人の街の様子を見て回り、深夜ホテルに帰った。

雨に濡れ、酒によごれた夜だった。

翌朝も天気は回復しない。低くはしる密雲。雨。海上注意報が出ているので久高行きの舟は無理だろうという。知念半島の馬天《ばてん》港から、わずか三浬だが、三トンか五トンの小舟だし、少しでも浪が高いと出られないのだ。

だが予報によると低気圧は移動している。明日は回復の見込みとある。しかたがない。今日は、那覇周辺を回ることにした。

昨夜の兵隊たちが一晩じゅう飲みあかしたのだろうか、ふらりふらりと濡れながら歩いていたり、路傍のもの陰に倒れて眠っている姿を見かけた。首里の教会の階段にも、軍服の不幸な小羊がのびていたそうだ。

南部の戦跡に、日本じゅうのほとんど全部の県が競って慰霊碑を建てている、たいへんな眺めだと聞いた。出かけてくる前、「あれはぜひ見ていらっしゃい。あなたなんかが見たら、カンカンになってしまうようなシロモノだ」とすすめられた。「ゆきたくないねえ」と言うと、「それなら、なおさらゆくべきですよ」と、さらにけしかけられたものだ。

南部に向かう道は、一面の砂糖きび畑が荒々しく風にゆらいでいる。大粒の雨がフロントガラスを激しく叩き、前も後も見えない。真昼なのに車はヘッドライトをつけて用心ぶかくゆき違う。

この嵐の中で、ビニールの合羽を着てクバ笠をかぶった人たちがキビの刈り取りをしている。道ばたに山のように積み上げたのを馬車に積んで進んでいったり、キビを満載したトラックが通る。これから一月にかけて、収穫期。現金収入を得て、旧正月をむかえるのだ。

あたりは暗い、グレイ一色。だが崩れた石垣の中などに、小さいシグナルのように浮かぶ原色。赤い仏桑華、ポインセチア、また名も知らぬ濃紫の花などが鮮やかだ。やはり南国だなと思う。

〝ひめゆりの塔〟のあたりは見ちがえるように整備され立派になっている。そこを過ぎてゆくと、ある、ある。両側にいくつも、いくつも、かなり宏壮な敷地に、規模の大きい、異様な記念塔が構えている。デカデカと相当の金をかけたものばかりだ。それにしても、そのデザイン、珍無類なこと噂にたがわず。正気の沙汰とは思われない。地方官僚とか政治ボスなどがいかに美に対してセンスがないかがわかる。まさにグロテスク・デザインのコンクールだ。

ああ、ここに代表された無神経「日本」。

聞けば地方選挙を控えて、昨年後半あたり急にぞくぞくと建ちだしたのだという。碑の除幕式、戦没者慰霊を名目に、県会議員だとか地方政界のボスどもが公務出張、つまり税金によるご招待の一大観光団を組織してやってくる。除幕の模様をテレビに写させたり。オオッピラな事前運動だ。ところが、かんじんの遺族たちは旅費自弁なのだ。そんな話を聞くと、ここにもはい出している〝黒い霧〟。政治の骨がらみの毒に、憤りをおぼえる。

二十六日の朝、相変らず低い雲が走り、海上注意報はまだとかれていない。所によっては二十メートル程度の突風が吹くという予報だ。しかし今日渡れなければ、祭りにはまにあわない。那覇の文化財の委員たちや沖縄文化協会の人たちなど研究調査におもむく一行も心配顔。しかし、とにかく久高行きは決行されることになった。バスに同乗して、小さな漁港、馬天の桟橋に集まる。

つめたい風が吹きつけ、肌寒い。南の島とは思えない。久高島には宿屋などない。民家や学校に分宿するので、各自毛布二枚ずつ持参のこと、というお達しだ。突堤で舟を待つ五、六十人の、年恰好も風体もマチマチなのが毛布の包みなど持ってたたずんでいるところは、移民の群れの出発風景といった感じだ。

二時間あまり待って、やっと舟に乗り込んだが、港を出ると、小舟はまるでオモチャのように躍り上がったりつんのめったり。猛烈な水しぶき。ひどい緊張に、舟酔いどころではない。

荒波の叩きつけている小さな突堤に、しがみつくように舟をつけて、やっと上陸する。きめのこまやかな石垣の道に足をふみ入れたとたん、目がさめるようだった。密生した阿檀《あだん》の葉の緑。そのなまなましさ。空一面が灰色だというのに。

透明な思い出が一瞬よみがえってきた。七年前、ここを訪れたあの日の感動。清められた小道。陰影の濃い石垣に囲まれた、赤い琉球瓦の屋根々々。塵一つ落ちていない手入れのゆき届いた庭のような島全体、いいようのない清潔感である。こんなに明るく、やさしく、清らかな場所があるということが、なにか不思議なできごとのように思われた。

私たちは西銘さんという家に泊めてもらえることになった。もっとも島には西銘姓が多いが。久高には珍しく新築の家で、縁側にはガラス戸もはまっている。白髪のおじいさん、四十がらみのおとなしい大柄な奥さん。彼女はこの前のイザイホーのとき「ナンチュ」として神女の試験に合格し、今度は一段上のヤジクとして祭りに参加するのだそうだ。「はじめてのイザイホーのときは、心臓が苦しいほどドキドキして、とても恐ろしかった。今度は楽な気持ちです」と、はにかむように、ぽつぽつと話す。

いわゆる女らしさとは違う、素朴な、生活感にあふれて、不思議にやさしい。この島の女たちは、無口でなにか孤独だが、永遠の女性のような厚みがある。

さて、イザイホーはすでにいったように、十二年に一回、午の年ごとに行なわれる神事だ。島で生まれ、ここに暮らし、島の男と結婚した女、三十から四十一歳までの全員がこの祭りによって神に仕える巫女《みこ》となり、また現人神《ウッツガミ》になるのだ。

新しく巫女になる女性たちは「ナンチュ」とよばれる。祭りの一ヵ月も前から、御嶽《うたき》で各自の神名を与えられる儀式など、さまざまの行事を経て、この日からは三日三晩イザイ山とよばれる禁制の森の中に、クバの葉で作られた「七ツ家」にこもり、日常の世界と断絶してしまうのだ。

最もけわしい儀式は初日の夜に行なわれる「夕神遊び」だ。祭場である「御殿庭《ウドンミャー》」の「神アシャギ」にかけられた「七ツ橋」をわたる。このとき不義をはたらいた女は橋からころげ落ち、血を吐いて死ぬと信じられている。これが俗に貞操試験だなどと伝えられて好奇心をそそり、さらに処女認定だと猟奇的にゆがめられて、ひどくこの祭りを名高くしてしまったが。

実はこの貧しい島の生活を支える社会制度、その切実な倫理規定としてのスジを見なければならない。こういう祭りが今日なお生きつづけているのは、それだけの理由があるのだ。

久高島は知念村に属する。全琉球の中で、知念は最も貧しい村だ。中でも久高は最低なのである。人口の減少も激しく、救済家庭の率もいちばん多い。

昔からそうだったのだ。ここには独特の、原始共産制ともいうべき地割制度がある。耕地があまりに少ないので、集落の共有財産として耕作権だけを各戸に割り当てる。だから昔から男は海に出る。ちっぽけなクリ舟で宮古や八重山、北は奄美列島あたりまで出かけていったそうだ。

島にいてささやかな土地を耕し、生活を維持してゆくのは女である。この密閉された世界での祭りは、女によって厳粛に行なわれるのだ。

宵からはじまる祭りを待ちながら、迷路のような狭い石垣の道を歩いてみる。ときおり、白髪の、しわ深い婆さんに出会わす。やや鋭い眼で、目礼する。ひどく神秘的だ。裾短かな着物に細帯、素足。すっとまた石垣の間に消えていく。古代のイメージだ。

女と子供たちばかり。男はほとんど見かけることがない。

集落の中心にある本家（ムートヤー）にゆく。そこに琉球王、西威王の生まれたという産室のあとや、火の神の拝所（ウガン）がある。民俗学的に興味深い。

中年男の外間根人（ホカマニッチュ）をたずねて、話を聞く。島には祭りの、いわばわき役である数名の男性がいる。根人（ニッチュ）、根太（ニーブトゥイ）など、ほとんど世襲である。その他、交替制の竿取神（ソーレーガナシ）。それぞれについて、ここで詳しく書く余裕はないが。

神の島・久高には、年じゅう、祭事がある。大きなのだけでも月一ぺんはあるそうだ。そのほか日常のこまごまとした信仰行事に、この男たちも欠席することは許されない。どんなに老いても病気でも、生きている間は代役は立てられないのだ。

この人は根人《ニッチュ》としてイザイホーに出るのははじめてなのだそうだ。「親父が死んだので、こういう家に生まれたものは、どうしてもそういうことになるらしいです」と笑った。

「いちばん困るのは、旅に出られんことですな。」

「一生ですか。たいへんですねえ。」

いよいよ夕刻、五時頃、神女たちの集まる「ノロ」の家にゆく。

古代から、神と交わるのは女だけの資格。最高の神官は「ノロ」とよばれる女性である。ここには「久高ノロ」と「外間《ほかま》ノロ」と二人いる。久高ノロを訪ねる。この前来たときに会った気品高い風貌のノロは、もう五年前に死んで、六十五歳になる嫁さんがあとをついでいた。

彼女の夫、先代の息子が控え目にかしずき、世話していたが、二人とも私を覚えていて、嬉しそうに挨拶する。

まだ時刻が早そうなので、祭場である御殿庭《ウドンミャー》の下検分に出かけた。ノロの家から小路を曲がって五、六十メートル。ふだんはちょっとした、ただの空地だが、今は白砂を敷きつめ、そのまわりに村の人たちや取材班、研究者たちがぎっしりとつめかけている。

禁制の阿檀林、イザイ山をバックに、神アシャギがしずまっていた。赤い琉球瓦でふいた十坪（約三十三平方メートル）ばかりの、あずま屋だ。イザイホーだけに使われ、そしてこのとき柱の間はクバの葉でおおわれる。正面にひらく一メートルばかりの入り口にも、クバの葉で編んだ戸が立てかけてある。中には、白砂を敷き、その上に竹を編んだむしろを敷きつめてあるそうだ。

その入り口の前に神聖な「七ツ橋」がかけられてある。橋といっても砂の上に、幅五十センチばかり、長さ一メートルあまりの象徴的な橋が、綱で印されているだけ。

神アシャギの右手には、絣の着物を着た老女たちが十数人。煙草など吸いながら静かに祭りを待っている。「タモト神」とよばれる、もう現役を終わった神人。いわば祭りの後見である。その手前に、むしろを敷いて、白衣を羽織った若い女が三人。

広場の左手、ずっと手前には男神が控えている。着物に、中折帽子をかぶった竿取神《ソウレエガナシ》二人、白衣の根人《ニッチュ》三人、さっき会った外間根人《ホカマニッチュ》も厳粛な顔で坐っている。

長い杖をついた、まっ白な髪の老婆がよろよろと広場に入ってきた。曲がった腰、白衣がゆっくりと砂をはってゆく。まっすぐにタモト神の席に着くと、掌を合わせて、二度、三度、敬虔に頭を垂れる。あとはピタッと正面を向いたきり、彫り物のように動かない。

久高ノロの家にとってかえすと、もう装束を整えた神女たちが座敷に坐っていた。

ナンチュは白い袴、膝下くらいの短い白衣、洗い髪を黒々と背にたらしている。

それを囲んで、絣の着物に長い白衣を羽織り、結いあげた髪に幅ひろい白鉢巻を結び垂らした年上の女たち。それがヤジクだ。西銘さんの顔も見える。さっきまでは優しく、おだやかだった女たちが、何かけわしく、引きしまっている。権威をもって、キビキビと動く。

ほの暗い祭壇の前で、ノロが静かにオモロ（琉球の古代の歌謡）をうたっている。

外間《ほかま》ノロの家でも、同じように儀式が行なわれているのだ。

うす暗くなった、けわしい石垣の影。息をつめたような島全体の空気。――突然、前の小道に、わきおこったように、白い女たちが浮かびあがり、「エッファイ、エッファイ」と急テンポの掛け声を揃え、手をうち、列をつくって足ぶみする。外間《ほかま》の神女だ。

すると、久高ノロを先頭に、こちらの女たちはいっせいに裸足で庭にとび出し、「エッファイ、エッファイ」と声を揃えて、ぐるぐると庭を七回まわる。外間《ほかま》の列が走りだす。続いて久高の列。

この道は神の道。前を横切る者があったら、祭りは汚される。島の人たちはいちだんと緊張した声で、見物の外来者を制止する。御殿庭《ウドンミャー》に走りこむと女たちは、神アシャギの前に整列して、同じ掛け声。クバの戸が外される。

　二列に向かいあったナンチュ。それを押し包むように、ノロ、根神《ニイガミ》、掟神《ウツチガミ》、ヤジクたち。

「エッファイ、エッファイ」息を切るように、声が切迫し、急激に高まる。はっと見ると、ナンチュたちが七ツ橋を渡っている。一列になって、橋をふみこえ神アシャギの中にとび込み、また走り出してくる。またとび込む。往復七回。最後のナンチュが消えると、上位の女たちも続いて吸い込まれ、クバの戸がとざされる。そしてふっと静まってしまう。

　こちらも息をのむ思いだった。すべてはふたたび暗い、夜にかえる。やがて、中からゆるやかに、オモロの合唱がひびいてくる。低く、ながながと……。

　外の者たちは、御殿庭《ウドンミャー》に正坐した神々たちも見物人も、じっと待っている。祭りは厳粛に続いているのである。

　この神秘の夜……。三十六年前のときには、白い馬に乗った神様が森の樹々の間を、音を立てておりてこられた。次の時は祭りの間じゅう、すずやかな鐘の音が聞こえた。だがこの前には、集落に不幸があったので、神のしるしはなにも見られなかった、と村の人は真面目にいう。

何十分もたったろうか。再び神アシャギの戸がひらかれ、ノロや掟神《ウツチガミ》、ヤジクたちが出てきた。広場を七回まわったあと、左手に横切ってゆき、イザイ山に入る。ナンチュは後の戸口からまっすぐ山に籠り、三日三晩、いっさいの俗世界と断絶するのだ。

もっとながい儀式を予想していたのだが、瞬間の事件のように終わってしまった。夜道を宿舎に帰る。永遠の時間の層をくぐってゆく思い。

ふとわれにかえると、島の夜は透明な青一色だった。

朝、固い床の上、毛布にくるまって、肌寒さに眼がさめた。まだ夜明け前だ。雨戸をあけて外に出る。冷やかな風がすがすがしい。

ようやく東の空が明るんで、雨雲の層がほのかにアカネ色に染まっている。陽ののぼる気配だ。

西の海は青々と深いが、その中空に、真鍮色に輝いた月。あんなに鋭くキラキラした月は見たことがない。

日月の間に、まだあけやらぬ夜がはさまれている。島はひっそりと眠っていた。クバや阿檀がザワザワと風に鳴り、暗緑に銀色をかぶせた夜明けだ。

二日目。あいかわらず風が激しいが、きれぎれに飛ぶ雲の間から急に陽がさしてきたり、雨が打ちつけたりする。

ひるまえ、御殿庭《ウドンミャー》で「カシラ垂れ遊び」とよばれる円陣舞踊がはじまる。

白砂の広場には、昨夜のように神々の座が定められる。ただこの朝は、神アシャギの手前左手に、一人だけ、たいへん年とったおじいさん根太《ニーブトゥイ》が赤い胴の太鼓を構えて坐った。彼の打つ太鼓、うたう「ヤージョク歌」だけが、イザイ山にこもった神女たちを呼び出す力をもつのだ。低い声でぼそぼそ歌いだした。

やがて、とほうにくれたように宙を見上げて、「なんやー」とつまってしまう。近くに坐っている竿取神《ソウレエガナシ》や、後見役のおばさんたちが陽気に笑って、口々に教える。

歌いだすが、またすぐにつかえる。

「力もなく、声もない」老爺はなげく。クリクリッとした眼に、パックリと口をあけて。無表情だけに深刻だ。

その声がイザイ山に届かないと、ナンチュは七ツ家を出ることができないのだ。神妙に様子を見まもっている村人たちは気が気ではないらしい。「あの人は八十九歳ですよ。役目だから、仕方がありませんが」と案じ顔である。

だがやがて白衣の神女たちが後ろの森から現われた。御殿庭《ウドンミャー》いっぱいに円陣をつくる。中央に四人の老婆、ノロと掟神《ウッチガミ》だ。それをとり巻いて内の輪がナンチュ、外輪にヤジクたちが、声をそろえてオモロを歌いながら、厳粛に、ゆるやかに回る。

小学校に臨時に設けられた食堂にいって、昼食をとっていると、那覇から来ている新聞記者が私に目くばせして「あそこへいらっしゃいましたか」とこっそり聞く。後生《グソウ》に案内してくれるというのだ。島の風習で、死者のなきがらは西海岸の一定の地域にさらしておく。「風葬」である。このまえ来たときには、島人たちがそこをよそ者に見られるのをいやがるというので、つい、ゆきそびれてしまったのだ。

集落を離れ、南北に細長い島の、西海岸にそった道を急ぎ足に行く。海岸は絶壁、密生した阿檀林がその上におおいかぶさっている。十五分ほど歩いたろうか。林の間をくぐって、岩づたいにおりる。そこの岩陰に、鮮やかな彩りの琉球焼きの骨壺が幾つも幾つも、無秩序に置かれていた。こわれた素焼きの壺もまじって、白い骨がのぞいている。

後生《グソウ》だ。私にとってながい間秘密だった原始的葬制。

えぐれた絶壁で、上からはうかがえない。前には屏風のように、巨岩が立って海上からの眺望をさえぎっている。けわしい自然に抱き込まれて、禁制の死の地域は無言だ。

さらに岩のわれ目を深みに入ってゆくと、白々とシャレコウベが三つ四つ。木製の寝棺が傾いて、ふたが外れ、その中にきちんと寝かしたままの姿で骨が見える。膝のあたりには絣の布が、意外に鮮やかに、生活の思い出をとどめてピラピラとはためいている。残酷でありながら浄らかだ。強烈な世界である。

だが、性急に焼かれたり、埋められるよりも、このように悠久の時間の中にさらされて消えてゆくというのは正しいような気がする。

その夜の儀式は前夜と同じ。昨夜のナンチュは宵神《ユクネー》とよばれる。だが子持ちとか家に女手のない人は、一晩遅れてこの夜からお籠りするのだ。これが暁神《アカトゥキガミ》である。

第三日目。朝早く、イザイ山の入り口に行ってみた。すき透った朝の空気の中を、女の子達やお婆さんなど、二人、三人ずつ連れだって急ぎ足に行く。風呂敷包、ヤカンを下げている。山ごもりのナンチュたちに食事を運ぶのだ。手にした赤・白・黄の色紙のピラピラした作り花はその日の行事に使われる「イザイ花」だ。

赤ん坊を抱いたおばさんが、足早に森の中に消える。乳を呑ませに、母親のところに連れてゆくのだ。中に入らず、小道にたたずんで待つのもいる。乳呑児でも、男の子は森に入ることが出きない。おばさんは奥に向かって「カアちゃん、カアちゃんえー」と呼んでいる。弁当を運んできたよその女の子に言伝《ことづて》をたのむ。

やがて、洗い髪を背にたらした小柄の母親が、にこにこ笑いながら走ってきて、阿檀の根もとに坐って乳をふくませる。歌うように、幼児になにか話しかけながら。

……森の奥からは女たちの甲高《かんだか》い話し声、笑い声。七ッ家の朝はにぎやかだ。

また一人、七つ八つの女の子が、自分の背丈ほどもある弟をヨチヨチと抱いて、運んできた。

三日目の朝。はじめての青空。明るい。御殿庭《ウドンミャー》で「花さし遊び」が行なわれる。ナンチュたちが神女の資格を得る合格の式。この晴れの日に、今まで洗い髪を垂らして凄愴な姿だった彼女たちは、はじめて髪を結いあげ、そしてノロ以下全員が、イザイ花とよばれる作り花を髪にさす。この日の円舞は華やかだ。キラキラと光の降りそそぐ神の庭に、白い袖、赤、白、黄の色紙のイザイ花が陽に輝く。

まん中に向きあったノロたちが、オモロを高い調子で一節《ひとふし》うたう。すると全員が低く和して、くりかえしながら手をうつ。

女たちはゆるやかに進みながら、ときどきそろって半歩、左足をずらす。白砂の上に素足のなまなましさ。その肌の色が私にはこの祭りのカナメのように思えた。

突然、頭の上に切り裂くような金属音。見上げると、キラッと光った三角形。鋭い刃をつらねた怪鳥のようなジェット編隊が、白い筋を引いて矢のように過ぎる。不協和なあいの手だ。だが白衣の踊りの輪は静かに流れてゆく。

一たんイザイ山に隠れた神女たちは、やがて行列をそろえて、神アシャギの左手に据えられた三つの臼の前に進んでくる。合格の印を与えるのは、男の外間《ホカマ》根人《ニッチュ》の役である。うやうやしく、ノロ以下全員の額、両頬に指先で朱をおす。いかめしい儀式が、ふと色めく。

イザイホーのクライマックスを見おわると、私は急いで島の東側の砂浜に走った。風の向きで、そこから舟が出るという。これを逃がしたら今日じゅうには帰れない。まだ祭りは続いているが……。

真っ青な南の海の上を、舟は激しく躍った。

（『週刊朝日』一九六七年一月二〇日号）

本土復帰にあたって

沖縄の本土復帰——ほんとうに喜ぶべきなのかどうか、言いようのない疑念が残る。私のように久しく沖縄に惹かれ、しばしば訪れてあの透明で美しい島の風土と文化に身近にふれた者には、いま沖縄の置かれている運命、その危険な重さが、わが身にものしかかってくる思いがする。

もちろん、何十年にもわたる異民族支配の不当さ。その屈辱。復帰が島民の悲願であったことも知っている。しかしいよいよそれが現実となった今、あらゆる問題がまったく違った相のもとに浮びあがってきているのだ。

本土のオプチミストのように、戦争でとられた領土が返ってくる、めでたい、祝え、という感覚で処理されたのでは、この島々は浮ばれない。

私は沖縄の人に言いたい。復帰が実現した今こそ、沖縄はあくまでも沖縄であるべきだ。沖縄の独自性を貫く覚悟をすべきだ。決して、いわゆる「本土なみ」などになってはならない、ということを。

沖縄の復帰は嬉しい。しかし現実的には様々の問題がある。いわゆる本土の人間が、ただ領土という感覚でなくこのことをもっと骨肉にこたえて感じとるべきなのだ。

去年、沖縄の人に聞いた言葉に私は絶望感をおぼえた。「本土からいろんな人がやってくる。しかしお体裁のいいことを言っても、腹の中ではみんなわれわれをさげすんでいる。」先進国ぶったいつもの悪い根性だ。沖縄にこそ日本文化の純粋で強烈な原点がある。

復帰にともなって、政治・経済の問題ばかりがあれこれ取り上げられる。二十何年もうち捨てられてきた島の人々の生活条件が今あらためて検討され、引き上げられるのは当然のことだ。しかし、それが単に経済大国日本のおこぼれとして、「沖縄も面倒を見てやろう」というていのものだったら、それは果して沖縄にとって幸いなのだろうか。

経済発展とか開発が無条件にプラスであり、幸福をもたらすと考えられた時代はもう終っているのだ。本土が戦後二十五年、あくせくと働きとおしてＧＮＰをあげ、いまその結果の矛盾にぶつかって、絶望している。俗にいう「生活の豊かさ」、しかしその反面、失ったものがいかに大きいか。

これから「戦後」に出発しようとしている沖縄の人たちは、自分自身の生き方の問題として方向を決定しなければならない。ずるずると流され、本土流の考え方にまき込まれて、あの美しい自然も、心も、気がついてみたら荒廃しきっていた……そうなる危険は、まことに大きい。

本土と沖縄のズレは一つ一つの些末なことにあらわれる。たとえば、沖縄の官僚制度が未熟で、行政能力がないというような批判をきく。近代的システムはすべて機能的なビューロクラシーによって運営される。そちらの側に立ってみれば、「貧乏なくせに予算もつかい残す」などとは、言語道断の無能、マイナスとしかうつらないのだ。

官僚や政治家、経済人、本土のエリートには沖縄の人間的モメントがわからない。

私自身の体験。十三年前、はじめてこの島を訪れたときのことだ。沖縄の友人と約束して待っていたが、二時間たっても来ない。こちらはセッカチだから、ジリジリし、カンカンになっているのだが、やがて彼はにこにこ笑いながら、人のよさそうな顔で、ゆったりとあらわれた。そのとたんに、私はとても愉快になって思わず笑いだしてしまった。時間など超越して、まったく悪気のない顔で再会を喜んでいる彼の方が、人間的に本当ではないのかと思ってしまったのだ。

これは中南米でもインドでも、いつも感じさせられることなのだが、近代的時間のシステムにまだまき込まれていない、悠々とした生活が生きている世界。あの人間的時間をも、嬉しく理解しなければならない。

この島独特の表情。決して豊かではない小さな島々で、台風にさらされながら、穏やかで逞しい人々が素肌で、自然とともに生きて、ながい生活の間につくり上げた分厚い伝統。民謡にも踊りにも、民具、石垣、あらゆる生活的な造型にも、それはにじみ出ている。そして何よりも沖縄の人のいのち、その肌あいこそ、世界に稀な、すばらしさなのだ。

この著書（『沖縄文化論』）を書いたのはもう十年も前になるが、この素っ裸の島の凄み、美しさ、感動はいまも変っていない。一見「何もない」文化の本質、意味を、沖縄の人は今こそ、もっと強烈に自覚してもらいたい。そして本土流の卑しい常識、物を持たない、裸であることが恥ずかしいことであるというようなものをさわやかに吹きとばしてほしい。復帰することによって、あの透明で豊かな生活感が崩され、沖縄の人までがコセコセと空っぽのエコノミックアニマルにシステム化されて行くとしたら――。

私は繰り返し、強調したい。沖縄の再出発を、政治・経済だけでなく、文化、生き方の問題として考えてほしいと。

文化はその土地、自然の環境の中にひらくものだ。そして独自の性格をもちながら、異質とぶつかり、変貌し、しかしそれぞれが己れを貫き、ユニークにひらいて行く。その意味で、われわれの側からいっても沖縄復帰は言いようのないプラスであると思う。純粋に文化的に考えて。

今日、日本の内部はまったく同質化してしまっている。多少のニュアンスをのぞいて、北から南まで、顔つきから服装、生活の中における意識、道徳感、それを条件づける生活環境も、またほとんど変りがない。ところが沖縄は、まったく異質の天地なのだ。

本土とはまるで違っていながら、ある意味ではより日本である。あの輝く海の色、先ほども言った沖縄の人たちの人間的な肌ざわり。もちろん、あの「沖縄時間」を含めて。本土の一億総小役人みたいな小ぢんまりした顔つきにうんざりした人は、沖縄のような透明で自然なふくらみ、その厚みのある気配にふれて、自分たちが遠い昔に置き忘れてきた、日本人としての本来の生活感を再発見すべきなのである。

皮肉な言い方に聞えるかもしれないが、私は文化のポイントにおいては、本土がむしろ「沖縄なみ」になるべきだ、と言いたい。沖縄の自然と人間、この本土とは異質な、純粋な世界とのぶつかりあいを、一つのショックとしてつかみ取る。それは日本人として、人間として、何がほんとうの生きがいであるかをつきつけてくる根源的な問いでもあるのだ。とざされた日本からひらかれた日本へ。

だから沖縄の人に強烈に言いたい。沖縄が本土に復帰するなんて、考えるな。本土が沖縄に復帰するのだ、と思うべきである。そのような人間的プライド、文化的自負をもってほしい。

この時点で沖縄に対して感じる、もの足らなさがある。とかく当局者も一般の中にも、本土に何かやってほしい、どうしてくれるのか、と要求し期待する方にばかり力を置いている人たちが多い。何をやってくれますか、の前に、自分たちはこう生きる、こうなるという、みずからの決定、選択が、今こそ緊急課題だ。それに対して本土はどうなんだ、と問題をぶつけるべきなのである。

私は島ナショナリズムを強調するのではない。島は小さくてもここは日本、いや世界の中心だという人間的プライドをもって、豊かに生きぬいてほしいのだ。沖縄の心の永遠のふくらみとともに、あの美しい透明な風土も誇らかにひらかれるだろう。

（『週刊朝日』一九七二年五月一九日号）

中公文庫旧版解説

「一つの恋」の証言者として

岡本 敏子

パリ大学・ソルボンヌで民族学を学んだ岡本太郎が自分の専攻領域に選んだのは、オセアニアだった。太平洋の育《はぐく》んだ文化、島に生きる人々に、その頃から何か特別に心惹かれるものがあったからに違いない。彼は戦後の日本で、アヴァンギャルドの急先鋒として活動をはじめた。この国を変革する。底の底から。日本人の生き方そのものの根をゆすぶり動かしたいという情熱に燃えた。激しい挑戦的パフォーマンスで、時代の象徴的人間像となった。人気者だった。が同時に、日本とはなにか——一貫して、地味な、知的な探求に心をすましていた。人々の知らないところで。

彼が芸術の方法論として唱えた「対極主義」は、岡本太郎の存在そのものが欲求する、生き方のスジであったのだ。燃えあがる情熱と冷たい理智、爆発と沈潜はいつも同時に彼を押し進めている。

日本探求の一つの精華が『縄文土器論』だ。一九五二年、二月の『みづゑ』に発表されたこの論文は、強い起爆力を持っていた。美術界にとどまらず、建築やデザインなど、より広い領域に。更にそれを超えて、日本人の原像として「縄文的」なるものが語られるようになった。

岡本太郎は勿論それを単に埋もれた古代を発掘し、再評価するという気で書いたのではない。縄文発見は、世界の中で生きる日本人としてのアイデンティティー、誇らしい自覚の宣言だった。なまぬるく、平ったく、自足している弥生的日本人にぶつけたのだ。

彼はその誇りを、いま生きている現実の中にも探し求めた。『日本再発見』の旅（『芸術新潮』一九五七年四月～十二月号に「芸術風土記」として連載。翌年、『日本再発見』と題して刊行）。この探検の最後にぶつかったのが、沖縄だった。

だが岡本太郎が沖縄に出かけたのは、最初はそんな意気込みではなく、ほんとうに気軽な遊びのつもりだった。

美術学校の同期で、二科会の画家だった大城皓也。その小学校からの仲間、平良進、当山堅次。この人たちが是非岡本太郎をよんで沖縄を見せたい、一緒に楽しく飲みたい、とそれだけの理由で、遊びに来いと誘ったのだ。

その頃、沖縄はまだ米軍占領下だった。パスポートではないが、それに代る身分証明書を発行して貰わなければ渡航できなかった。空港も港も基地の中にあり、日本国ではない、アメリカ軍の統治下に入るのだぞという威圧をつきつけられる思いだった。そういう緊張感はあったが、旅行の目的は骨休めで、原稿を書こうというつもりも、あまり無かった。まあ書ければ軽い旅行記でもというくらい。勿論、沖縄は「日本再発見」の重要なポイントだ、とかねてから惹かれていたし、辺境にこそわれわれの風土の運命、生命力が純粋に生きつづけるというのが彼の信念だったが、今回はいずれ本格的にぶつかる為の下見というか、ちょっとのぞいて、当りをつけておこう、と気軽に出かけた。

着いたとたんから、沖縄の人たちの、おっとりとのびやかな人柄の良さ、彼はすっかり嬉しくなってしまった。沖縄では「いちゃりば、ちょうでえ（行き会ったものはみな兄弟）」と言う。ほんとうにそんな感じ。島国根性とはおよそ程遠い、むしろ大陸的な、悠揚迫らぬ風格がある。

平良進は首里城の中核に近いところに屋敷を構えている名家で、夫人は料亭などでは絶対に食べられない、首里の本格的な宮廷料理を作ってもてなしてくれる。歯医者さんだが、米軍の飛行機を出させて離島を巡り、治療していた。パナリ焼や芭蕉布をはじめ、彼の目にかなったコレクションは凄い逸品ばかりだ。背が低く、太っていて、縦と横とどっちかわからないような体軀だが、お座敷で興に乗って踊りだすと、その軽やかさ、リズミカルで、滑らかに流動する身のこなし、どんな姿の良い踊り子よりも美しい。

当山堅次は産婦人科医で、背の高いハンサムな遊び人だ。アメリカ車の凄いリムジンに、若い美貌の女性の運転手で走り廻っている。女性が車を運転するのはまだ珍しかったから、目立つこと。この車を岡本太郎に提供してくれて、何処へでもこれで出かけた。

夜ともなると、この三人が大喜びで波の上の料亭や、桜坂のバー街、コザの遊郭、或いは琉米社交界の親善パーティなど、いろいろと連れ廻ってくれる。

昼間はドクターたちは仕事があるから、大城画伯や、彼のところに出入りする若い人、或いは新聞社の人などが付き合って案内役だ。

首里の王宮や、霊御殿《たまうどん》、壺屋や紅型など、誰でもが琉球文化として讃えるものには、彼はほとんど関心を示さなかった。〝土着の〟とはいっても、それらは洗練された表層であり、それならば魂がしびれるほどの洗練でなければ岡本太郎を納得させることは出来ない。

彼が喜んだのは、石垣——珊瑚礁のごつごつした石を無造作に積み上げただけの、影の濃い石垣。クバ笠。阿檀葉のヒシャク。阿檀を編んだ籠、浜などに提げて行くポシェットなど。ほんとうに民衆の日常の生活に使われて、誰も何とも思っていない、沖縄の人にすれば、何でこんなもの、というようなものばかり。それからくり舟。

「見ろ。美しいねえ。誰も芸術だなんて思って作ってやしない。だから凄いんだ。」

そして、それよりもっと、彼は沖縄のお婆さんに惚れ込んだ。大がい汚れた、粗末な着物を裾短かに着て、ほとんど裸足だ。日に焼けた、皺の深い顔。すれ違うと、恥づかしそうに会釈する。そのはにかんだ表情が優しい。

石垣の道で、荒れた貧しい畑で、市場で、波止場で、彼は「いいねえ。」「いいねえ。」感歎しながら、さかんにシャッターを切った。

その圧巻は久高島ののろだった。久高のろは島の最高の司祭である。白髪の、もうかなりの年齢だろうが、処女のまま年を重ねたのではないかと思うような、清らかな気品、優雅な女らしさ。初々しい色気さえ感じさせる。

のろにすっかり魅せられた岡本太郎は、この島の宗教にもう溶け込んでいたのではないか。

のろの息子さんに案内されて、島の最高の聖所「大御嶽《おおうたき》」に向った。

細い踏みつけ道。バサバサとクバの葉が落ちている。林に近づくと、のろの息子は急に寡黙になった。祭りの時は男子禁制。ふだんも男はあまり近づかないのだという。タブーの、聖なる場所に近づいて行くのだということが、その敬虔な、少し固くなった態度から伝わってくる。

「ここです。」

といって示されたのが、林の中のちょっとした空地のように見える、何でもない広場だった。ここでの衝撃的な感動、神秘の体験が、この『沖縄文化論』一冊を生んだのだ。

岡本太郎をふるえあがらせた、南島の浄らかな素肌の生命感、その核はなにもない、森でさえも、石でさえもない、この無条件の聖地、御嶽だった。確信はそれから沖縄を歩きまわっているうちに、彼の中にどん〳〵どん〳〵ふくらんで行き、清冽にみたし、そのことを日本人につきつけずにはいられなくなった。

これこそ、オレたち自身なんだぞ、日本そのものなんだぞ、と。沖縄に発つ前、『中央公論』の編集部が『せっかく行かれるのなら、沖縄の現状のルポを書いて下さい」と言って、約束させられた。

しかし帰って来てみると、彼の書きたいものはとてもそんなものではなかった。当時の編集長・竹森氏、担当の塙氏に、三回くらいになるかもしれないよ、と言って書きはじめた。ところがモチーフはどんどん拡がり、深まり、三回どころか、ほぼ一年間。あとがきに書いているように、岡本太郎にとって、それは「一つの恋のようなものだった」(一八九頁)。

タイトルについて、是非言っておきたい。

『中央公論』連載中は『沖縄文化論』として、「チュラカサの伝統」とか、「踊る島」、「何もないことの眩暈《めまい》」など、一回ずつの題をつけていた。だが単行本にする時に、『忘れられた日本』と題し、沖縄文化論は副題となった。

その頃の日本人にとって、沖縄はあまりに遠く、意識の外にあり、『沖縄文化論』では誰も手にとってくれないだろうと出版部が危惧したからだ。沖縄戦の惨状は勿論知られてはいたが、それは遥か海の彼方の戦《いくさ》物語としてであり、大宅壮一の発言した「動物的忠誠」などという言葉も、多くの日本人にとっては自らの痛みなく開き流せる揶揄であった。先頃の基地周辺での米兵の少女暴行事件、それに対応する本土側のもたもたした歯切れの悪さを見ていると、状況は今も本質的に何も変っていない。沖縄はまさに、「忘れられた日本」ではないか。

だがこの本は思いがけないほど多くの人の共感を得た。川端康成氏は「あの本はいいですねえ。沖縄に行きたくなった」と、しみじみうらやましそうな顔をされたし、三島由紀夫は『沖縄文化論』になぜ読売文学賞をやらないんだ。僕が審査員なら絶対あれを推すな。内容といい、文章といい、あれこそ文学だ」と憤りをこめて絶讃していた。それは一般の評価でもあったのだろう。やがて毎日出版文化賞を贈られた。

縄文と沖縄は岡本太郎の根源的な自己発見だった。いや、自己確認だったと言うべきだろう。

今日、顔のない日本人とか、えたいの知れない人々だと言われ、国際的に冷ややかな眼で見られている。岡本太郎という、超一流の国際人であり、また純日本人であった芸術家が、その直観でつかみ取ったものは、そのまま、世界の知性に対して、これが日本なのだと指し示せる原質であった。いまこそ日本人自身が、そういう眼でこの沖縄文化論を読み直してほしいと思う。現代人の押しやってしまった日本、忘れられた日本を取りもどすために。

（おかもと・としこ）

中公叢書新版に寄せて

岡本太郎の『沖縄文化論』を読む

外間守善

岡本太郎のひととなり

岡本太郎……なんて無礼な、不作法な人だろう、と思った。初対面の岡本太郎に対する私のいつわらぬ印象だった。沖縄の文化人数人が遠来の天才芸術家をもてなすため、那覇の最高の料亭、最高の料理に美しい琉球舞踊を添えての盛宴をしつらえたことがある。ところが入って来た岡本は、誰彼に会釈するでなし、いきなり座敷の隅っこに置いてある太鼓を荒っぽく叩き出した。それだけではない。宴がまだ終わらないのに畳座敷に寝っころがる始末である。私はこういう場所で、傍若無人に振る舞う人に会うのは初めてなのですっかり閉口した。確か、一九六六年（昭和四十一）、久高島の神祭りイザイホーの年だったと思う。だから、岡本太郎の書いた『忘れられた日本――沖縄文化論』（一九六一年、中央公論社刊）は意識的に避けてきた。

沖縄がドル時代だったその頃、本土から来る人たちが必要以上に沖縄を礼賛したり、沖縄戦で散華した若者たちの死を「動物的忠誠心」といういい方で印象記を書いたり、戦中、戦後の沖縄の苦悩を知らなすぎることに向かっ腹を立てていたせいもあったかもしれない。とにかく岡本太郎という人は大嫌いだった。

ところが、あれから三十六年経った今（偶然復帰三十周年・イザイホーの年）、私は改題された『沖縄文化論——忘れられた日本』に真っ向から挑むことになり、隅から隅まで読んで驚嘆している。そして岡本太郎の天才ぶりと直感と直観の確かさに気づかなかった自分に恥じ入っている。

岡本太郎がパリ大学・ソルボンヌで民族学を学び、専攻領域にオセアニアを選んで、島に生きる人々、島に育まれる文化に関心を寄せていた、ということをもっと早く知っていたら、私の岡本観は根本から異なっていたであろう。沖縄から日本を、アジアを、そして世界を学びながら、島社会に生まれる歴史と文化の探究を始めていた私は、オセアニアの島々から「島嶼学」という学問を意識し、目ざめていっただけに、岡本太郎と出会ったその時に、オセアニアと沖縄の島々について話しあえなかったことが今にして残念である。岡本太郎は世評にのぼるようなただのアバンギャルド芸術家ではなかった。フランスではほんものの民族学を学び、「島」から「国」を見ることのできるまなざしを持った進歩的な学者であり、優れて前衛的な芸術家だったのである。

『沖縄文化論』を読んでからの私は、すっかり岡本太郎観が変わってしまった。私を辟易させたあの不作法は、純粋に生きてきた人の一種の照れだったのであろうか。できるものならもう一度会って、「沖縄」というシマ（島）から「日本」というクニ（国）を、アジアを、世界を、語りあい学びたいと思う民族学者、芸術家である。

岡本は本書冒頭の「沖縄の肌ざわり」のところで、柳田国男の「山の人生」の一節にある炭焼きの話を引例し、それが日本列島に、沖縄の島々に伝わる「人べらし」話であることを予知しながら、人べらしをして生きていく島の人たちの生きざまをしっかり見据えている。民族学を広く学んだ人のまなざしである。初めて行く沖縄だというのになんと鋭い直感なのであろう。

人べらしやそれに近い方法での島の生き方は、貧しい島社会に生きる人たちのぎりぎりの生き方であり、歴史的現実なのである。それらは、沖縄の伊江島、久高島、宮古島、石垣島、与那国島などの歌や伝説に、もの悲しいはずだのに暗さをみせず語り、歌って伝えられている。

岡本太郎は、『日本再発見』（一九五八年、新潮社刊）で日本の辺境の貧しいながら驚くほどふてぶてしい生活力に強くひかれて「沖縄論」に挑んだというが、私も同じようなことを実感したことがある。宮古島の離島池間島でのことである。島の人たちが郵便局はあるのに「貯える」ということをしないということを聞かされたことがある。「なぜ貯えをしないのか」という私の問いに島人は「海があるではないか」と答えた。私がさらに意地悪く「台風がきたら海は荒れて、閉ざされるではないか」というと、「三日も吹く台風はないさあ……それに台風のあとの寄り物は宝ものだよ」とあっけらかんとした答えが返ってきた。私はその夜、寝ながら神妙に考えこんでしまった。ウチナーンチュ（沖縄人）でありながら都会的な生き方になじんでしまった自分への反省が深刻だった。池間島だけの話ではない。沖縄のどの島に行っても楽天的に明るいウチナーンチュの生活力に出っくわすのである。

「何もないことの眩暈」

「何もないことの眩暈」という誘いこまれるようなプロットを立てた岡本太郎は、

私を最も感動させたものは、意外にも、まったく何の実体も持っていない――といって差支えない、御嶽《うたき》だった。

御嶽――つまり神の降る聖所である。この神聖な地域は、礼拝所も建っていなければ、神体も偶像も何もない。森の中のちょっとした、何でもない空地。そこに、うっかりすると見過してしまう粗末な小さい四角の切石が置いてあるだけ。その何にもないということの素晴らしさに私は驚嘆した。これは私にとって大きな発見であり、問題であった。

と述懐している。沖縄の神観念の核心部にわずかな滞在で迫っていった岡本の観察眼に私のほうこそ「めまい」を感ずる。私が四十年かけてフィールドワークをした結果、やっと辿りついた「何もない」という意味を持った神の在所——それが御嶽の実体なのである。海からあがってきた大昔の人たちが時をくぐって神格化され、神（祖先神）に成り変わっていくが、その神を斎《いつ》く所がウタキ（御嶽）である。そこには素朴な海石が置かれ海の白砂が敷かれている。それだけである。与論島、久米島、宮古島、八重山の小さな島などに今でも見られる聖域である。昔はそこをウガン（拝む）といっていた。神を拝む所、人と神が心をつなげる所で静寂な空間である。

ウガン（拝む）がウタキ（御嶽）という名に変わり、一つだけだった海石が三つになったり、五つになったり、あるいは貝だったり、さらに香炉風の四角い切石になったり、聖域のうしろ側にある高い木（クバ）が高所から降りてくる神とのかかわりを持たされたりすることなどなど……すべて後世的な御嶽の変容である。

「何もない」はずだった聖域に、いつのまにか何かがつけ加えられていって変容していく姿は、神にすがって安らぎとしあわせを得ようとした人々の心の映しなのであろう。聖なる空間を石垣で囲んだり、所によってはものものしく鳥居までつけ加えた御嶽までみられる。私は、沖縄の聖空間ウガン、オン、ウタキは、日本列島各地にある村の鎮守の神社の原初的な姿であると考えている。岡本太郎も、「忘れられた日本」を沖縄で発見してこう記している。

日本の古代も神の場所はやはりここのように、清潔に、なんにもなかったのではないか。おそらくわれわれの祖先の信仰、その日常を支えていた感動、絶対感はこれと同質だった。……この御嶽に来て、ハッと不意をつかれたようにそれに気がつく。……それにしても、今日の神社などと称するものはどうだろう。そのほとんどが、やりきれないほど不潔で、愚劣だ。いかつい鳥居、イラカがそびえ、コケオドカシ。安手に身構えた姿はどんなに神聖感から遠いか。とかく人々は、そんなもんなんだと思いこんで見過している。そのものものしさが、どんなに自分の本来の生き方のきめになじまないか、気づかないでいる。

「八重山の悲歌」

「八重山の悲歌」では、八重山の人頭税時代の残酷な伝え話を聞いた岡本太郎はこう記している。

――恋しあっている若い二人があった。男が強制移民で遠く離れて行かねばならなくなった。……いよいよ別れる前の夜、恋人たちは山に上った。いつも忍び逢っていた石の上で、一晩じゅう悲しみあった。泣きながら二人は石をたたいた。夜が明けて、見たら石に二つ穴があいていた。そのくぼみは女の方が深かった。……

こんな美しい悲しみ、こんな純粋な話を、私は知らない。さりげない単純さ。たとえばギリシャ悲劇などの、天地が動顚するような慟哭の悲劇にくらべて、このくぼみはどんなに小さく、ささやかであるか。だからこそまた痛切である。単純で、底ぬけに無邪気、しかも絶望的になまなましい歎きをうち出している。

女の方が深かった――それは執念でも、諦めでもない。いのち自体、そのたしかめであり、その悲しみの深さである。女における人間の運命、そして沖縄全体が、そのくぼみに現われているように、私には思える。

岡本は、さらに八重山のもろもろの文化現象に目を注ぎながら、それらに裏張りされた島の痛みや苦しみを見落としていない。

八重山は、カンフツ（神口）、ニガイフツ（願い口）とよばれる呪言を文学発生の初源にしながら呪禱的、叙事的、叙情的、劇的な文学諸ジャンルを生みだした文学の宝庫である。それらを生みだすカオス（混沌）の中から、文学だけでなく、音楽も、舞踊などの諸芸能も生まれていることを岡本太郎は見ぬいている。しかもそれらが、生まれ、育ち、発展していく歴史が、学ぶ人の心をゆさぶってやまないだけに、岡本の鋭く豊かな感性は、学問以前の皮膚感覚で八重山の深層文化を汲みとっていたとしか思えない。くり返しくり返し八重山探訪をし続けた私には、岡本太郎が鮮烈に感じたであろう感動がよくわかる。わずかばかりの八重山滞在だというのに文学、音楽、芸能が生まれ育っていく本質的な問題を把握している岡本に、ただただ、畏敬の念を覚えるのみである。

「踊る島」

「踊る島」では、芸術家らしい岡本太郎の眼力が、沖縄舞踊の貴族、庶民層に伝わっているほとんどすべてといっていいくらいの踊りに注がれている。

沖縄の踊りを日本舞踊、バレエ、能、歌舞伎、地唄舞などの舞いや踊りと比較し、舞踊の「流動美」（西洋舞踊・琉球舞踊）、「間の美学」（日本舞踊）を視野に納めながら沖縄の古典舞踊にふれ、こう記している。

> 沖縄舞踊では、すべて運動の方向は腰でつける。その前に膝と足が先行する。胴、肩、首、視線は腰に従って流動するのだ。手、足、首などが勝手に動くということはありえない。たとえわずかでも手が動くときは、かならず腰が受けている。いつでも腰を中心に、からだ全体の対応関係において、微妙なバランスをたもって流れて行く。そのとき全体の線が厳粛に生きる。
>
> だから目にしても、たとえば流し目のように、それだけが動いて表情をつけるなんて、もってのほか。目ばたきしても崩れるというくらいだ。古典・女踊りの最高といわれる「諸屯《しゅどぅん》」に、眼だけ動かして恋の怨みを表現する「三角眼ぢち（眼つき）」という技術がある。そのとき全身の緊張感は眼だけに集中して、それは眼つきというよりもすでに身体つきである。しかもこの手は古典舞踊を通じて、ここ一ヵ所だけなのだ。一回限りというところにその意味があり、生かされる。
>
> 一つの動きに直視した眼が追っていき、緊張し、引きしめる。眼は動きの芯のような

ものである。と同時にそれは次の瞬間の、別の方向にひらめき出る予言のような神秘を秘めている。

沖縄舞踊はからだ全体を腰が支え、手、足、膝、肩、首、眼、胴の動きのすべては腰がバランスをとる。それらのすべてがやさしく、やわらかく流れながら動いていくのである。そういう「流動」する線の美しさを、岡本太郎は心憎いほど確かなまなざしで見すえているではないか。それだけではない。沖縄舞踊のやさしさ、なめらかさを美しく感じながら、強さ、激しさ、鋭さの部分、また、からだ全体の線に厳粛な秩序が保たれていることも決して見落としていない。なんというこまやかな眼くばり、心くばりであろう。まさに慧眼である。

岡本は「古典舞踊」だけでなく、明治以後に生まれ、大衆に支持された「雑《ぞう》踊り」にも親しみ、「古典の貴族的で静的な、舞的気配に対して、より躍動的な踊り……」と鑑賞し、舞いと踊りの弁別をしながら民俗芸能から汲みとってきた近代的テンポの早さをも評価している。

さらに、中国から入ってきた「打花鼓《たーふぁーくー》」、「獅子舞」、南方から入ってきた「南島《ふぇーぬしま》踊」、日本の念仏踊りの影響を受けた「京太郎《ちょんだらー》」、八重山の神聖さをおびた「鼓踊《つづんぶどぅ》り」、「まき踊り」、国頭《くにがみ》の「臼太鼓《うすでえく》」などなど、多彩多様に芸能鑑賞を広げながら、沖縄の舞踊の印象を深めている。

　西洋舞踊、日本舞踊に堪能している岡本太郎らしい沖縄の舞踊鑑賞である。フランスで芸術学、民族学をきわめてきた岡本には、世界中に生まれ育っている民族文化の比較をする能力が備わっていたのであろう。そういう岡本のすばらしい能力と感性は、沖縄舞踊にみられる舞いと踊りの違いもしっかり弁別している。舞踊をふだん見慣れている沖縄の人たち、いや舞踊家ですらその違いや歴史のわからないひとが多い。それを一見して弁別できる岡本太郎の芸術感覚はやはり非凡である。天才としかいいようがないと思う。

「ちゅらかさの伝統」

「ちゅらかさの伝統」では、「ちゅらかさ」という沖縄的な造語法とその言葉に含めたしたたかな意味ごめに感動している岡本の洞察力に驚く。ウチナーンチュでも、言葉は知っていても、言葉そのものに裏張りされている歴史的な苦しみやそれに耐えていこうとしてきた生きざまの伝統まで読みとれる人はそうたくさんはいるまい。

「ちゅらかさ」は恐ろしい天然痘のことである。それを「清《ちゅ》ら瘡《かさ》」（美ら瘡とも当てる）と美称でよぶ複雑に屈折した沖縄人の心情について岡本はこう記している。

(沖縄では)外からくるものは、……よし悪しを抜きにして「貴重」なのである。だから畏れ敬って一おう無条件にむかえる。

だが何といっても、これは天然痘なのだ。決して好ましい客ではない。この凶悪に対し、彼らは無防備なのである。卑しめたり、粗末に扱えばタタリがひどいだろう。なだめすかして、なるべくおとなしく引き取ってもらわなければならない。

恐ろしいからこそ大事にする。……

私は現代沖縄の運命について考える。占領され、全島が基地化されている。ここはもはや沖縄であって沖縄ではない。当然それは民族にとっての言いようのない苦しみである。それは天然痘――もっと厄介である。……にもかかわらず多くの沖縄人の、あのやわらかい表情、運命的力に対して恭順に、無抵抗に見える態度の底には、チュラカサの伝統、災いをいんぎんに扱って送り出してしまうという、辛抱強い護身術が働いているのではないか。

沖縄人の一見無抵抗に見える生きざまには、常にチュラカサ的な伝統が底流し続けていて現代の基地的状況にもつながっている、という岡本の深い読みである。「ちゅらかさ」

を「あめりか」に置き換えてみればわかりが早いだろう。

琉球王国時代、東アジア、東南アジア地域との交易で小王国を支えていた頃、交易にたずさわる人達が、常に心がけていたのは、「撓《しな》て」「和《なご》やけて」「凪《とど》やけれ」という志だったということを古典『おもろさうし』は教えてくれる。生産力がなく立地条件のみを活かして仲継貿易に活路を見出していた琉球王国は、周辺諸国との交流に気を使い、「和」をモットーに相手に撓って調和し、穏やかに心をかわしあい、波風の立たないようにして、争い戦うことだけは避けていたのである。

岡本の慧眼はさらに鋭い。沖縄の親しい友人達に誘われていったハーバーヴュー・クラブハウスでの「琉米親善」パーティーの意味と、ウチナーンチュの気質を深々と理解している。

> 私はいま目の前に展開している、いわば作りあげられた見事なシーンを眺めながら、ただ奇異な感じにうたれる。この場所だけに限るなら、隔てなく和やかにうちとけている、この事実は認めなければならない。これは占領政策の転換によって強調されてきた「琉米親善」、アメリカの意志による交流である。だが政策であり、努力であるということを、まるで感じさせないほど人間的な、明るい肌ざわりなのだ。アメリカ人の、個人

個人の持っている無邪気さ、素朴な誠実が、沖縄人の善良さとうまくかみあっているという感じだった。

同じように優しさで包みこんだ「琉米親善」風景を、作家大城立裕は『カクテル・パーティー』という題名の小説にして沖縄初の芥川賞を受賞した。沖縄人、日本人、米国人、中国人気質を登場させたパーティーはまさに「カクテル・パーティー」であり、大城の目の前に広がっている「琉米親善」の姿とその本質であった。異民族による支配は、どのように「親善」という美名にくるんでも、結局は征服者と被征服者の政治力学に包まれていく。苛酷な戦争から解放されしばしの平和にまどろんだのも束の間、基地の建設と拡大はしだいに沖縄の重圧になり、征服者との断絶感を深めていった。異民族支配からの脱却という目ざめた生き方と新しい思想の台頭を『カクテル・パーティー』はみごとに捉えていたわけである。世相を反映させながら時代を先取りするのが近代文学と作家の使命であるとするならば、大城立裕の『カクテル・パーティー』は沖縄近代文学の傑作である。

岡本太郎もまた、文化的、芸術的立場から穏やかそうに見える「沖縄」の現実を見誤ることがなかった。岡本は、増補した『沖縄文化論』の「本土復帰にあたって」の末尾にこう記している。

沖縄の人に強烈に言いたい。沖縄が本土に復帰するなんて、考えるな。本土が沖縄に復帰するのだ、と思うべきである。そのような人間的プライド、文化的自負をもってほしい。

この時点で沖縄に対して感じる、もの足らなさがある。とかく当局者も一般の中にも、本土に何かやってほしい、どうしてくれるのか、と要求し期待する方にばかり力を置いている人たちが多い。何をやってくれますか、の前に、自分たちはこう生きる、こうなるという、みずからの決定、選択が、今こそ緊急課題だ。それに対して本土はどうなんだ、と問題をぶつけるべきなのである。

私は島ナショナリズムを強調するのではない。島は小さくてもここは日本、いや世界の中心だという人間的プライドをもって、豊かに生きぬいてほしいのだ。沖縄の心の永遠のふくらみとともに、あの美しい透明な風土も誇らかにひらかれるだろう。

異民族支配、ドル時代の沖縄を皮膚で感じとった岡本太郎が、復帰の年（一九七二年・昭和四十七年）に託した沖縄へのメッセージである。（沖縄は、本土に対して）「何をやってくれますか、の前に、自分たちはこう生きる、こうなるという、みずからの決定、選択が、今こそ緊急課題だ」という意見にまったく同感である。

ことしは復帰三十周年の年である。三十年前の岡本太郎のメッセージは現代でも、いや現代に、そのまま生きているではないか。前述したように、岡本はこう言っている。「私は現代沖縄の運命について考える。占領され、全島が基地化されている。ここはもはや沖縄であって沖縄ではない。当然それは民族にとっての言いようのない苦しみである」。至言である。ただ、沖縄の側からつけ加えるとするならば、あれから三十年、沖縄は、二十一世紀の初頭に立って、自分たちはこう生きたい、こう生きる、ということをアメリカに対して、日本政府に対して言えるようになったし、言い続けてもいる、ということだ。すくなくとも沖縄は今、岡本が考えていたような自立的なスタンスを作ることにけんめいである。

さいごに一言。日米安全保障条約、日米地位協定をはじめ軍事基地沖縄は、誰が誰のために作ったものであろうか。本土に住む日本人にとっくりと考えてもらいたい。すくなくとも沖縄が自ら作ったものではない。

岡本は、「沖縄が本土に復帰するなんて、考えるな」「文化的自負をもってほしい」「島は小さくてもここは日本」といっている。それに対して、進歩的文化人と称する一部のえせ文化人たちが、沖縄を先頭にして日米安全保障条約を崩していこうとか、偽善的沖縄ファンが、琉球王国をパラダイスに見立てて琉球独立論を唱えたりするのをみると呆然としてしまう。

日本は平和憲法をバックボーンにした民主的主権国家であり、議会制民主主義を標榜して自由と進歩を推し進めている近代国家である。今こそ、平和を主張している日本国憲法の精神の中で、本土に住む日本人と、島は小さくても日本である沖縄が一体化して、日本の、アジアの、世界の平和問題に積極的な発言をするべき時ではないだろうか。

過去の日本歴史と為政者たちが、「沖縄」を日本から切り離したり、くっつけたりしながら日本本土の保全を図ってきた歴史的愚行だけはもうしてほしくない。

沖縄の島々にある豊かで素朴な文化が、日本の文化をよりよく潤し、豊かにしてくれるものであることを実証的に発言した岡本太郎のメッセージを、多くの日本人に知らせたい。日本人の源流を究めようとする学際的な研究が沖縄を基軸にして進みつつある今、「忘れられた日本」を「沖縄文化」論を通して構築し、再生させようとした岡本太郎の英知をもう一度蘇生させたい。

二〇〇二年六月六日、うりずん（潤い）の季節をくぐり若夏を迎えた沖縄で記す。

（ほかま・しゅぜん　言語学者、沖縄文化研究者）

ヴィジュアル版解説

岡本太郎、または禁欲的なゴーギャン

赤坂憲雄

これは何度読んでも、紀行の傑作である。岡本太郎は一九五〇年代後半からの十年ほどをかけて、日本列島をあちこち旅して、『日本再発見』『沖縄文化論』『神秘日本』という日本紀行三部作を刊行している。すこしずつ方位や肌触りを違えながら、それぞれに深くそそられる紀行になっている。とりわけ、『沖縄文化論』は太郎にとっての「沖縄学」の序章であるとともに、沖縄を特異な支点とすることによって浮き彫りにされた日本文化論として、かぎりなく魅力的である。

沖縄・八重山の旅は一九五九年の十一月から翌月にかけて行なわれた。それから十数年が過ぎて、太郎は「はじめて沖縄にふれた感動は鮮烈であった」（叢書版「まえがき」）と回想している。初版の「あとがき」には、この沖縄紀行を振り返って、「それは私にとって、一つの恋のようなものだった」という印象深い言葉が残されている。その終わりには、わざわざ三人の沖縄の友人の名前をあげて深い感謝が書き留められてあった。かれらはただ、沖縄を見せたい、いっしょに楽しく飲みたいという理由だけで、太郎をアメリカ軍政下の沖縄に呼んだのだった。太郎自身もまた、原稿にするとしても軽い旅行記でも書ければいい、とまったく気軽に出かけたらしい。だから、取材の準備といったものはなく、同行者である岡本敏子さんは広告チラシの裏紙などをかき集めて、旅先のメモを書き溜めていった。そんな話を敏子さんから聞いたことがある。

　この書はいわば、沖縄への友情の表明であり、恋文のようなものとして書かれている。しかし、沖縄で『沖縄文化論』がそれとして認知されるためには、思いがけず時間がかかったようだ。沖縄での、おそらくはいつもと変わらぬトリックスター的な振る舞いゆえにか、太郎とその沖縄語りは拒まれ、あるいは敬して遠ざけられたのではなかったか。

　たとえば、八重山の人頭税時代の残酷な物語は、文字ではなく歌い継がれ島の響きとなってきた。太郎はそれを、あえて華麗な三線《さんしん》の手による装飾をはずして、生の声だけで聞かせてもらった。その顛末は「八重山の悲歌」の一節に描かれている。その生々しい声の響きに共振しながら、「この土地に「物」として抵抗してくる文化がない」ことの避けがたさを、あきらかに納得する。この貧困と人頭税の地に、「文化とか芸術が余剰なもの、作品として結晶し、物化する」ことなどありえない。それはただ、歌や踊りといった生活そのものとして、形なき形でしか表現されなかった。そう、太郎は考えたのだ。

　その先に、こんな一節が続いていた。島の文化人は誰でも、人頭税の悲劇をくりかえし語る。それを聞くうちに、腹立たしくなってくる。

そこで無遠慮にぶつけた。

「皆さん、人頭税、人頭税と、まるでとっておきの文化財みたいにおっしゃるが、そんなのこの島の専売特許みたいにされたんじゃ、かなわない。」

まともに生きている人間は誰だって、何らかの形で人頭税をしょっている。人間の生きるってのはそういうことだ。

明治末期に人頭税が廃止されてから、いったいこの島の人々は何を生み出したというのか。今日なお、すべて美しいものは過ぎ去った時代の思い出ばかりだ。悲惨な過去に生命の幻影をかずけているだけではないか。島人たちは呆気に取られて、やがて真顔になってうなずいたらしい。太郎の言葉には痛切な思いがこめられ、何よりも愛がある。すくなくとも、戦跡を見た感想として、それを沖縄人の「動物的忠誠」心と切り捨てた大宅壮一のような知識人とは、まるで異なった感触がある。太郎はそこに、旧日本軍の救いがたい愚劣さ・非人間性、恥と屈辱を見て取り、「日本人が日本人に対しておかした傲慢無比、愚劣、卑怯、あくどさに対する憤りで、やりきれない」と書きつけていた。それにしても、やはり『沖縄文化論』のような真っすぐで辛辣な毒をたっぷり抱えこんだ恋文を、同時代的に認めることはむずかしかったにちがいない。

　太郎ははじまりの章を、柳田国男の「山の人生」に見える美濃の炭焼きの話から説き起こしていた。飢えと貧困ゆえに、二人の子どもの首を斧で切り落とした男の物語からは、たとえば残酷な美しさや強さ、無邪気さが汲みだされていたのだった。それが、太郎の沖縄紀行の主旋律をなす、島の生活の基底に見いだされる「痛切な生命のやさしさ」へと繋がっていた。この紀行のなかに、「生活」／「生命」という言葉が頻出するのは、むろん偶然ではありえない。『沖縄文化論』を読み解くためのキーワードである。

　そして、太郎ははじまりの章で、沖縄の風景をほかならぬ基地に見定めながら、「基地――われわれの生活の焦点の一つである存在」と書きつけていた。首里城趾のある丘に立って、そこが沖縄の歴史における、悲劇のひとつの頂点であることを確認しつつ、「この島と、遠く離れた日本との距離」に思いを寄せたのである。日本の外縁に位置する、この特権的な場所から、逆に日本文化を浮かびあがらせることだ。だから、この書は沖縄論であると同時に、日本文化論とならざるをえなかった。

　ところで、唐突に、画家のゴーギャンに触れた箇所があった。ゴーギャンは南太平洋のタヒチ島に「自由と恋愛の天地」を見いだしたが、それは太郎によれば、十九世紀ヨーロッパの発展する資本主義、その世紀末的な矛盾に向けての告発であり対決であった。これにたいして、沖縄は残念ながら、そうした「切実な精神の問題」や現代的課題に示唆をあたえるものとして浮かびあがったことはなかった、そう、太郎はいう。せいぜいが、旅行者の享楽の島として、また民俗学的に貴重な宝庫（まさに柳田国男的な……）として注目されてきただけのことだ。太郎はひそかに、意識していたか否かは知らず、沖縄のゴーギャンになることを願ったのかもしれない。むろん、いささか禁欲的なゴーギャンではあったが。

　太郎は何度か、御嶽《うたき》に触れている。神々が降る聖所である。太郎をもっとも感動させたものが、この御嶽であり、それが森のなかの何もない空き地であることに驚嘆したのだった。太郎は沖縄本島でも八重山でも、数多くの御嶽を見て歩いたらしい。そこには神体も偶像もイコノグラフィーも、何ひとつ存在しない。この何もないということ、その潔癖と純粋さが逆に、厳粛な実体となって太郎をうち続けた。

　神はこのようになんにもない場所におりて来て、透明な空気の中で人間と向いあうのだ。のろはそのとき神と人間のメディアムであり、また同時に人間意志の強力なチャンピオンである。神はシャーマンの超自然的な吸引力によって顕現する。そして一たん儀式がはじまるとこの環境は、なんにもない故にこそ、逆に、最も厳粛に神聖にひきしまる。

それから、太郎の眼差しは日本の古代へと転じていった。そこでも、神の場所はやはり、清潔に何もなかったのではないか。日本人の血や伝統のなかに、この「なんにもない浄らかさに対する共感が生きている」からこそ、御嶽を前にして、言葉にはしがたい激しいノスタルジアが呼び起こされるのだ、という。太郎は久高島の御嶽のなかに、クバの森とただの石っころという初源的な聖所の姿を認めて、神と人とが交歓する情景をつかの間幻視したのではなかったか。それはシャーマニズムであるよりは、アニミズムに近い、といっていい。

神は自分のまわりにみちみちている。静寂の中にほとばしる清冽な生命の、その流れの中にともにある。あるいは、いま踏んで行く靴の下に、いるかもしれない。ふと私はそんな空想にとらわれていた。

たしかに、エジプトの神殿やアクロポリス、出雲大社は神聖にして、人間の意志と力にあふれた表情をしている。芸術の感動がもたらされる。それは巨大な権勢を背負った豪壮にして、洗練をきわめた形式美なのである。しかし、沖縄の御嶽で突き動かされた感動は、そうした力と美にたいする驚嘆とはまるで異質なものだった。そこには、何ひとつ、物や形としてこちらを威圧してくるものはなかった。清潔で、無条件であるから、ただ、こちらから全身全霊をもってその見えない世界に呼びかけるしかない。沖縄通いをしていた若いころに、御嶽で行なわれる祭祀の場で、ノロやツカサと呼ばれる女性のシャーマンたちが、神々に呼びかけ交歓する姿を、遠くからそっと眺めた経験ならば、すくなからずある。太郎ははじまりの旅のなかでは、それを目撃することができなかった。

補論として収められた「神々の島　久高島」というエッセイには、太郎が立ち会うことができたイザイホーについての見聞がデッサンされている。そこには、たくさんの島の女たちがノロや神女として登場してくるが、この聖なる秘祭のなかでは、神々との交歓をめぐる原初的な姿を目撃することはむずかしかったのではないか。イザイホーはどうやら、たんなる島の祭りではなく、首里王府の影が射しかかることが、近年は指摘されている。

逆に、ここでの太郎は、もっとも穢れを忌むべき祭りの日々に、後生（グソー）という風葬の場に足を踏み入れ写真を撮ったことにおいて、厳しい非難を蒙ってきたことを忘れてはならない。太郎自身がそれを、「残酷でありながら浄らかだ。強烈な世界である」と書き留めている。太郎はそうして罪人《つみびと》と名指されることになった。しかし、禁制の場へとそそのかし導いた「那覇から来ている新聞記者」なしには、太郎がそこにたどり着くことはなかった。かなり多くの人がいっしょにグソーを訪れたと、あるシンポジウムの席で聞いたこともある。すくなくとも、太郎一人だけが非難されるべき事柄ではないことは、指摘しておきたい気がする。

そういえば、「沖縄の肌ざわり」の章に、沖縄には「いちゃりば、ちょうでぇ（行き会ったものはみな兄弟）」という言葉がある、と見える。この『沖縄文化論』という懐かしい本にはまさにその言葉通りに、いたるところで行き逢った沖縄の人々を兄弟のように、恋人のように眺めている太郎その人がいる。たとえば、「神と木と石」の章で、久高ノロについて「娘のまま気品高く老いたようだ」と書き、遠慮がちに写真を撮らせてもらった太郎を思えばいい。それはまるで恋の語りのようだった。だからこそ、太郎は「本土復帰にあたって」のなかで、沖縄はあくまで沖縄であるべきだ、沖縄が本土に復帰するのではなく、本土が沖縄に復帰するのだ、島は小さくても「ここは日本、いや世界の中心だ」という人間的な、文化的なプライドをもって、豊かに生きぬいてほしい、そうして、「沖縄の心の永遠のふくらみとともに、あの美しい透明な風土も誇らかにひらかれるだろう」と、祈るように書き留めずにはいられなかったのだ。

さて、くりかえすが、『沖縄文化論』は紀行の傑作であり、もはや古典の一冊になろうとしている。いま、そこにある沖縄に想いを馳せながら、多くの人たちに読まれてほしい、と心より願う。

二〇二四年二月一四日

（あかさか・のりお　民俗学者）

初　出　『中央公論』一九六〇年三月号～一二月号（全六回）
単行本　『忘れられた日本――沖縄文化論』一九六一年一月　中央公論社刊
中公叢書　『沖縄文化論――忘れられた日本』一九七二年一〇月刊
中公文庫　『沖縄文化論――忘れられた日本』一九九六年六月刊
中公叢書　『新版　沖縄文化論――忘れられた日本』二〇〇二年七月刊

編集付記

一、本書は、中公文庫『沖縄文化論　忘れられた日本』（二三刷、二〇二二年八月刊）を底本とし、中公叢書『新版　沖縄文化論　忘れられた日本』より、口絵を再編集、外間守善「新版に寄せて　岡本太郎の『沖縄文化論』を読む」を増補したものです。

一、本文中に今日では不適切と思われる表現もありますが、著者が故人であること、刊行当時の時代背景と作品の文化的価値に鑑みて、底本のままとしました。

中公文庫

ヴィジュアル版《ばん》
沖縄《おきなわ》文《ぶん》化《か》論《ろん》
——忘《わす》れられた日本《にほん》

2024年4月25日　初版発行

著　者　岡《おか》本《もと》 太《た》郎《ろう》

発行者　安部 順一

発行所　中央公論新社
〒100-8152　東京都千代田区大手町1-7-1
電話　販売 03-5299-1730　編集 03-5299-1890
URL https://www.chuko.co.jp/

DTP　ハンズ・ミケ
印　刷　三晃印刷
製　本　小泉製本

Published by CHUOKORON-SHINSHA, INC.
Printed in Japan　ISBN978-4-12-207505-4 C1139

中公文庫既刊より

各書目の下段の数字はISBNコードです。978-4-12が省略してあります。

う-16-3
日本人の「あの世」観　梅原 猛
アイヌと沖縄の文化の中に日本の精神文化の原形を探り、人類の文明の在り方を根本的に問い直す、知的刺激に満ちた日本文化論集。〈解説〉久野 昭
201973-7

た-73-1
沖縄の島守 内務官僚かく戦えり　田村洋三
四人に一人が死んだ沖縄戦。県民の犠牲を最小限に止めるべく命がけで戦い殉職し、今もなお「島守の神」として尊敬される二人の官僚がいた。〈解説〉湯川 豊
204714-3

て-10-1
南洋と私　寺尾紗穂
「南洋群島は親日的」。それは本当だろうか。サイパン、沖縄、八丈島——消えゆく声に耳を澄ませ、戦争の記憶を書き残した類い稀なる記録。〈解説〉重松 清
206767-7

や-8-3
本の神話学 増補新版　山口昌男
自分だけの「知の見取り図」は、いつの時代も蔵書（アーカイヴ）から生まれる。著者の代表作に「図書館」に関する講演録・随筆を増補。〈解説〉山本貴光
207408-8

う-15-16
文明の生態史観 増補新版　梅棹忠夫
東西の対立的座標軸で捉えられてきた世界史に生態学の視点を導入した比較文明論の名著。著者の到達点を示す「海と日本文明」を増補。〈解説〉谷 泰
207426-2

や-9-8
柔らかい個人主義の誕生 増補新版　山崎正和
不確実性の時代から顔の見える大衆社会へ。消費文化を美学的見地から捉えた第16回吉野作造賞受賞作。「日本文化の世界性」他一篇を増補。〈解説〉福嶋亮大
207460-6

き-3-7
ものぐさ精神分析 増補新版　岸田 秀
日本を精神分裂病質であると診断した「日本近代を精神分析する」以下、歴史、性、そして自己についての問いに迫る五章。〈解説〉伊丹十三〈対談〉橋本 治
207482-8